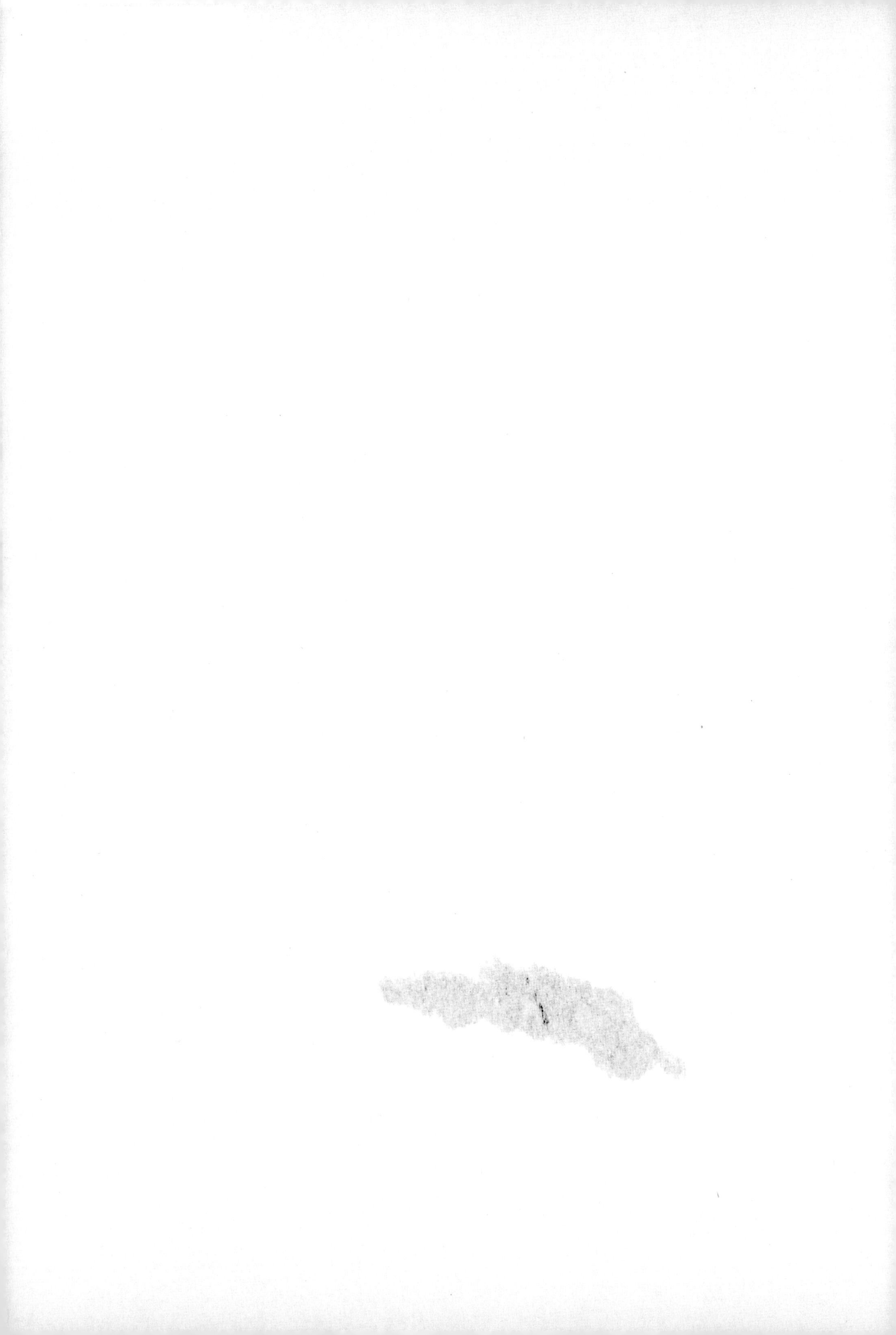

PRONTI...VIA!

WORKBOOK

PRONTI...VIA!

QUADERNO DEGLI ESERCIZI

DANIELA MELIS, PH.D.
BARBARA COOPER, PH.D.

University of Georgia

Yale University Press
New Haven and London

Publisher: Mary Jane Peluso
Manuscript Editor: Risa Sodi
Editorial Assistant: Brie Kluytenaar
Production Editor: Ann-Marie Imbornoni
Marketing Manager: Timothy Shea

Illustrations by Alex Murawski

Printed in the United States of America.

ISBN-13: 978-0-300-10843-9
ISBN-10: 0-300-10843-5

A catalogue record for this book is available from the British Library.

The paper in this book meets the guidelines for permanence and durability of the Committee on Production Guidelines for Book Longevity of the Council on Library Resources.

10 9 8 7 6 5 4 3

Table of Contents

To the Student

Welcome once more to the *Pronti ... Via!* Italian program.

The bases for the acquisition of a foreign language are listening and reading. This means that the more you understand the language that you hear and read, the more impressive your speech and writing will be. Think of the *Quaderno degli esercizi* as a companion that will allow you to review and deepen the knowledge of the material you learn before and during class. To attain full success in your Italian courses with *Pronti ... Via!*, it is crucial that you work on the *Quaderno degli esercizi* on a daily basis. This *guarantees* that you progress on a daily basis.

Each exercise is preceded by one or more icons that indicate what type of activity— listening, reading, or writing—you are about to carry out.[1] For the aural comprehension exercises, listen to the audio segments on the CD as many times as you need to in order to provide the correct answers. For the reading and writing exercises, make sure you understand all the words and consult the textbook yellow pages or a dictionary whenever necessary.

The instructions to all the exercises are in English to help you focus on the task before you. If you feel well prepared on the material that you studied in your textbook, you may be inclined to do the corresponding exercises in the *Quaderno* as if they were in-class tests, that is, with your textbook closed. Alternatively, you may choose to complete your exercises *while reviewing* the relevant material in the textbook. For each chapter, you will have access to the on-line answer key, so you can correct your work and monitor your success.

In sum, the *Quaderno degli esercizi* will allow you to increase and assess your linguistic competence personally and at your own pace. Regardless of your learning style and studying habits, completing the *Quaderno* exercises will ensure that you are well prepared for even the most challenging tasks done in class. Remember that in order to learn a new language effectively, you need an open mind, self-discipline, and the desire to learn. *Buon lavoro!*

Daniela Melis, Ph.D.

Barbara Cooper, Ph.D.

[1]

Nome e cognome____Data___________________________________

Capitolo I: Benvenuti!

A. Pronuncia. Come si scrive? *Listen as the speaker spells the names of some important cities and countries. Each word will be spelled out twice, and read a third time. Write down the letters as you hear them and then compare what you have written and what you hear.*

Esempio: *You hear:* i – ti – a – elle – i – a
You write: I – T – A – L – I – A
You hear: Italia

CITTÀ   PAESI

1. _______________________________   7. _______________________________

2. _______________________________   8. _______________________________

3. _______________________________   9. _______________________________

4. _______________________________   10. ______________________________

5. _______________________________   11. ______________________________

6. _______________________________   12. ______________________________

B. Pronuncia. Come si chiama? *Listen as the speaker spells some names in Italian. Each name will be spelled out twice, and then read aloud. Write down the letters as you hear them and then compare what you have written with the name that you hear. Can you recognize the English equivalents of each name?*

Esempio: *You hear:* a – emme – a – enne – di – a
You write: A – M – A – N – D – A
You hear: Amanda

♀   ♂

1. _______________________________   7. _______________________________

2. _______________________________   8. _______________________________

3. _______________________________   9. _______________________________

4. _______________________________   10. ______________________________

5. _______________________________   11. ______________________________

6. _______________________________   12. ______________________________

C. Pronuncia. Le vocali: a - e - i - o - u. *Listen to how Italian vowels are pronounced and say them after the speaker. Then repeat with each of the fifty words that follow. Bear in mind that Italian vowels are short and crisp and that they don't have the glide that English vowels have. Also, remember that ITALIAN VOWELS ARE ALWAYS PRONOUNCED. In each word, mark the vowel that the speaker stresses. The first one has been marked as an example.*

Esempio: You hear: e l e f a n t e
You say: e l e f a n t e
You mark: e l e f a n t e

A	E	I	O	U
1. Anna	2. amore	3. banca	4. bravo	5. circo
6. Cecilia	7. costa	8. Chianti	9. orchestra	10. bruschetta
11. dinosauro	12. documento	13. Elena	14. Egitto	15. fantasia
16. Ferrari	17. giraffa	18. Giuliani	19. grammatica	20. governo
21. Lamborghini	22. Gucci	23. hotel	24. Italia	25. italiano
26. lasagne	27. Laura	28. magnolia	29. magnifico	30. no
31. naso	32. numero	33. ombrello	34. passaporto	35. papà
36. qualità	37. quarto	38. radio	39. rosa	40. sarcasmo
41. sorbetto	42. taxi	43. tigre	44. uno	45. università
46. Valentino	47. vampiro	48. violino	49. zero	50. zebra

D. Pronuncia. Le parole simili. *Cognates (words that are similar in Italian and English) are easy to recognize and remember but sometimes they are difficult for beginning students to pronounce because of the tendency to carry over English pronunciation into Italian. This exercise works like the one before: first listen, then say, then mark. Be sure to pronounce every vowel.*

1. scienza	2. intelligente	3. data
4. biologia	5. automobile	6. musica
7. filosofia	8. unico	9. Australia
10. fotografia	11. professore	12. deserto

E. Formale o informale? *You will hear five exchanges between people. Indicate whether the conversations are formal or informal. You will hear the correct answers on the recording.*

	1	2	3	4	5
formale					
informale					

F. Qual è la risposta corretta?

1. La lettera *"w"* inglese si chiama in italiano...
   a. doppia   b. doppia u   c. doppia vu   d. u doppia

2. La vocale "a" in italiano si pronuncia come la lettera "a" in...
   a. *Anne*   b. *quota*   c. *debate*   d. *pardon*

3. Ci sono... lettere nell'alfabeto italiano.
   a. ventotto   b. diciotto   c. ventuno   d. sedici

4. —Io mi chiamo Angela, e tu, come ti...?
   a. chiamo   b. chiama   c. chiamate   d. chiami

5. —Come... chiama la professoressa d'italiano?
   a. ti   b. si   c. sì   d. di

6. —Ciao, Carla, come...?
   —Molto bene, grazie, e tu? Tutto bene?
   a. sta   b. vai   c. stia   d. stai

7. Io mi chiamo Francesca, e... si chiama Paolo.
   a. noi   b. lei   c. più   d. lui

8. —Noi siamo di Taormina, in Sicilia, e voi,... siete?
   a. dove di   b. di dove   c. dove   d. ti devo

9. —Buona sera, sono la professoressa Corvetti. E... uno studente?
   a. io sto   b. è lei   c. Lei è   d. e lui

10. —Tu, lui e Teresa,... italiani?
    a. sei   b. siete   c. sono   d. tre

11. —Voi e Mario,... di Milano?
    a. è   b. sono   c. siete   d. dove

12. —Di dove... i signori Merlonghi?
    a. sono   b. è   c. siamo   d. chiamo

13. —Voi due ed io… tutti e tre di Chicago, che coincidenza!
    a. sono   b. siamo   c. stiamo   d. dove

14. —Isabella, di… , tu e Paolo?
    a. dove siete   b. dov'è   c. dove sei   d. dove

15. —Buongiorno, ragazzi, come… oggi?
    a. stai   b. siete   c. state   d. siamo

16. —Ciao, buon viaggio!
    —…
    a. Grazie. Ciao. b. Benissimo.   c. Buona sera.   d. ArrivederLa.

17. —Ciao a tutti,… Andrea. Andrea è italiano, di Firenze.
    a. ciao   b. ti presento   c. vi presento   d. ci presente

18. —Buona sera, come va?
    —…
    a. Grazie, e Lei? b. Benone!   c. Sì, benissimo! d. Ci vediamo.

19. —Arrivederci, ragazzi, e buona giornata!
    —…, professore!
    a. Ciao   b. ArrivederLa   c. Arrivederci   d. Buona sera

20. —Come si dice "lentamente" in inglese?
    —Si dice…
    a. *slowly*   b. *slow*   c. *lenient*   d. *repeat, please*

Capitolo II: Chi siamo?

 **A. Maschile o femminile?** *Identify the following nouns as masculine or feminine. Write* **M** *or* **F**.

1. la biologia   _____________

2. l'informatica   _____________

3. il giornalismo   _____________

4. le lingue straniere _____________

5. il canto   _____________

6. l'orologio   _____________

7. il lunedì   _____________

8. il giornale   _____________

 **B. Dal singolare al plurale.** *Write the plural form of the following nouns and articles.*

Esempio: l'armadietto gli armadietti

1. la lavagna   _______________________

2. la carta (geografica) _______________________

3. il libro   _______________________

4. la matita   _______________________

5. la penna   _______________________

6. il dizionario   _______________________

7. lo zaino   _______________________

8. l'orologio   _______________________

9. la finestra   _______________________

10. la calcolatrice   _______________________

C. Cos'è? *Identify the following objects and write down their names, using the verb* **essere** *and indefinite articles. Follow the example.*

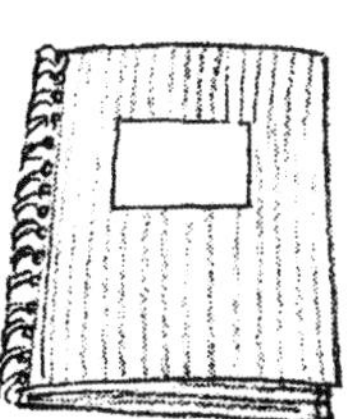

Esempio: È un quaderno.   1. _____________________ 2. _____________________

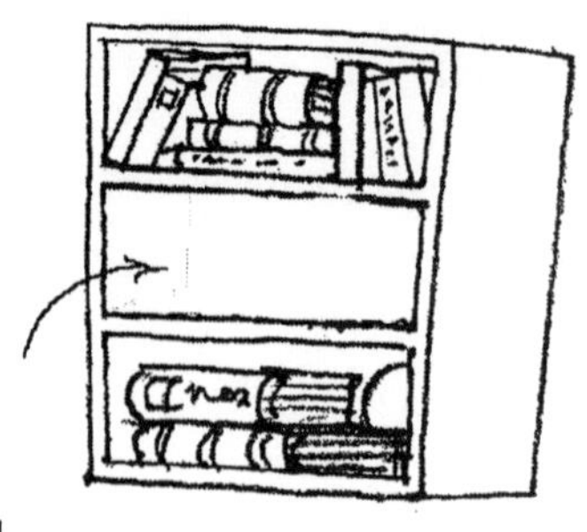

3. ___________________________ 4. ___________________________ 5. ___________________________

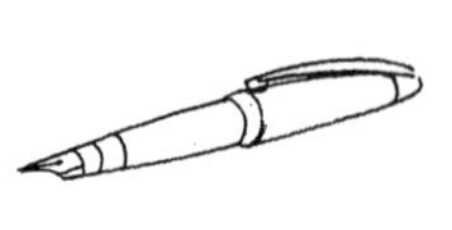

6. ___________________________ 7. ___________________________ 8. ___________________________

D. Numeri. *Solve the following additions and subtractions, and write them in Italian.*

Esempi: 2+5 = 7 <u>Due più cinque uguale sette.</u>

10-7 = 3 <u>Dieci meno sette uguale tre.</u>

1. 13+15 = ____

2. 18+6 = ____

3. 55+17 = ____

4. 94-12 = ____

5. 21-15 = ____

6. 100-41= ____

E. Numeri in sequenza. *Write the missing numbers.*

Esempio: Due, quattro, <u>sei</u>, otto, <u>dieci</u>.

1. Tre, sei, _________________, dodici, _________________, diciotto_________________.

2. _________________, otto, _________________, sedici, venti.

3. Dieci, _______________, _______________, quaranta, _______________, sessanta.

4. _______________, trenta, _______________, sessanta, settantacinque.

5. Nove, diciotto, _______________, _______________, _______________.

F. Che ore sono? *Match the following statements with the clock faces.*

1. Sono le undici e mezza. _______________
2. È l'una e un quarto. _______________
3. Sono le nove e venti. _______________
4. Sono le quattro meno un quarto. _______________
5. Sono le dieci meno venti. _______________
6. Sono le cinque e dieci. _______________

a   b   c   d   e   f

G. Che ora è? / Che ore sono? *Ask what time it is using the expression* **Che ora è?** *or* **Che ore sono?** *and answer according to the times given using the 24-hour clock.*

Esempi: <u>Che ora è?</u>   10:00 A.M.   <u>Sono le dieci.</u>

         <u>Che ore sono?</u>   10:30 P.M.   <u>Sono le ventidue e trenta.</u>

1. _______________   7:30 P.M.   _______________

2. _______________   6:15 A.M.   _______________

3. _______________   12:00 P.M.   _______________

4. _______________   8:45 P.M.   _______________

5. _______________   12:00 A.M.   _______________

H. L'orario delle lezioni. *Look at the schedule and answer the following questions.*

	lunedì	martedì	mercoledì	giovedì	venerdì
08:00-08:50	italiano	storia dell'arte	italiano	storia dell'arte	italiano
09:00-09:50	storia		storia		storia
10:00-10:50					
11:00-11:50		filosofia		filosofia	
12:00-12:50					
01:00-01:50	sociologia		sociologia		sociologia

Esempio: Quando (*when*) e a che ora è la lezione di italiano?
<u>La lezione di italiano è il lunedì, il mercoledì e il venerdì alle otto.</u>

1. Quando e a che ora è la lezione di storia?

____

2. A che ora è la lezione di storia dell'arte?

____

3. E la lezione di filosofia?

____

4. Com'è l'orario? Complicato? Fattibile? Leggero? Pesante?

____

I. L'orario di Mario Garofalo. *Listen to the passage and fill in the grid according to what you hear. You will hear the passage three times. During the first reading, listen carefully. (You may close your eyes if you like!) During the second reading, write what you hear. Then, during the third reading, check your work.*

	lunedì	martedì	mercoledì	giovedì	venerdì
08:00-08:50					
09:00-09:50					
10:00-10:50					
11:00-11:50					
12:00-12:50					
01:00-01:50					
02:00-02:50					

J. Verbi regolari. *Fill in the grids with the conjugations of the regular verbs* **giocare**, **leggere**, **seguire**.

GIOCARE

io	noi
tu	voi
lei, lui, Lei	loro, Loro

LEGGERE

io	noi
tu	voi
lei, lui, Lei	loro, Loro

SEGUIRE

io	noi
tu	voi
lei, lui, Lei	loro, Loro

K. Cosa fanno? *Listen to the activities of Giorgio, Teresa, and Susanna. Write down what you hear. Each sentence will be repeated three times.*

1. ____

2. ____

3. ____

4. ____

5. ____

6. ____

L. Il fine settimana di Anna. *Look at the following drawings and answer the questions with* *COMPLETE SENTENCES.*

1

2

3

4   5

Esempio: 1. Che fa Anna il venerdì sera alle otto e mezza?
<u>Il venerdì sera, alle otto e mezza, Anna va al cinema.</u>

2. Cosa fa Anna il sabato mattina alle nove?

____

3. Che fa Anna il sabato alle quattro?

____

4. Che fa Anna il sabato sera alle otto?

____

5. Dove va Anna la domenica alle dieci meno un quarto?

____

M. Il fine settimana. *Listen to the statements, and write them down. Each will be repeated three times. Then write whether or not you do the same thing.*

Esempio: *You hear:*   Anna esce il sabato sera.
You write: <u>Anna esce il sabato sera.</u>
You write: <u>Anch'io[1] esco il sabato sera.</u> o <u>Io non esco il sabato sera.</u>

1. Laura

____

2. Maurizio

____

3. Antonella

____

____

[1] **Anch'io** *is the contracted form of* **anche** + **io** *and it means "I, too."*

4.   Elena ____

____

5.   Anna e Giorgio ____

____

N. Il mio fine settimana. *Write six (6) sentences describing what you usually—***di solito***—do on the weekend.* *Follow the example.*

Esempio: <u>Il venerdì sera, di solito, vado al cinema con gli amici.</u>

1. ____

2. ____

3. ____

4. ____

5. ____

6. ____

O. Avere. *Use the following words to construct correct sentences. Remember to conjugate the verbs, to make nouns plural when necessary, to add articles if needed, and to write out the numbers.*

Esempio: (Io) / avere / 19 / anno.
                  <u>Ho diciannove anni.</u>

1. Professoressa / avere / 48 / matita.

____

2. Studenti / medicina / avere / orario / pesante.

____

3. Quanti / anno / avere (tu)?

____

4. Quanti / anno / avere / Luca?

____

5. Luca / avere / 22 / anno.

____

6. Noi / non / avere / orario / leggero.

____

7. Aula di italiano / avere / due / finestra.

____

  **P. E tu?** *Listen to the questions and ANSWER them in complete sentences. You will hear each question twice.*

1. ____

2. ____

3. ____

4. ____

5. ____

 **Q. Stati fisici e mentali. Cos'hanno?** *Complete the captions.*

Luca _____________________. Giovanna _______________. Antonella ______________.

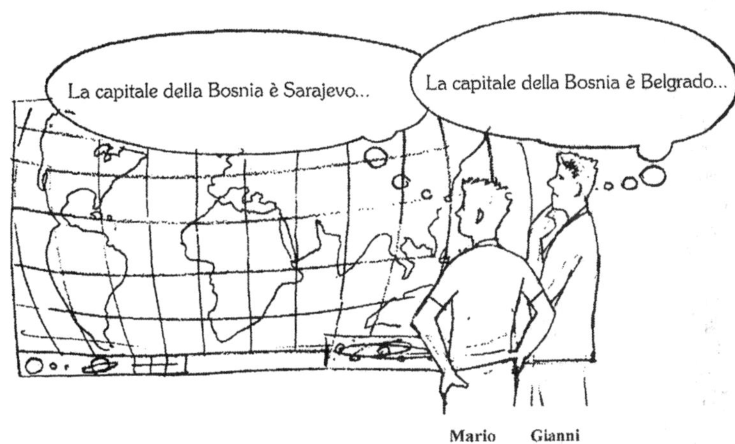

Tommasino _____________.   Mario _________________.   Gianni _____________________.

Il signor Lorusso _________.   Il signor Cecchetti _________.   Roberto _________________.

 **R. Qual è la risposta corretta?**

1. —Che... sono?
    —Sono le tre in punto.
    a. ora   b. ore   c. tipo   d. oro

2. —La lezione di filosofia finisce... undici e cinquantacinque.
    a. l'   b. all'   c. alle   d. le

3. —Che ora è?
    —Non lo so; non... l'orologio.
    a. hai   b. sono   c. ho   d. è

4. —A che ora andiamo a mangiare?
    —All'..., va bene?
    a. undici   b. una e mezza   c. otto e mezza   d. fuori

5. Quindici + cinquanta =
    a. sessantacinque   b. settantacinque   c. cinquantacinque   d. sessanta

6.   Sedici - sette =
      a.   diciannove   b.   ventinove   c.   nove   d.   diciassette

7.   —Stasera vado a studiare in biblioteca con Fareed,… iraniano.
      a.   una studentessa   b.   uno studente   c.   uno   d.   giurisprudenza

8.   —Di solito, il sabato sera verso…, Roberto va a mangiare una pizza.
      a.   mezzogiorno   b.   alle otto   c.   le tre   d.   le otto

9.   —Quanti anni… , di solito, gli studenti di primo anno?
      —In alcuni (*some*) casi, diciassette o diciannove, ma di solito diciotto.
      a.   anno   b.   abbiamo   c.   sono   d.   hanno

10.   —Questo semestre vado in palestra raramente; seguo sei corsi e ho sempre… .
      a.   spesso   b.   sono   c.   fretta   d.   freddo

11.   —Il martedì ho… lezioni: geografia e letterature comparate.
      a.   due   b.   tre   c.   quattro   d.   molti

12.   —… corso di lingua segui questo semestre? Russo? Tedesco? Arabo?
      —Nessuno dei tre: seguo italiano!
      a.   Quali   b.   Quanti   c.   Quale   d.   Questo

13.   —La domenica… dormiamo fino a tardi: andiamo in palestra dalle nove alle undici.
      a.   sempre   b.   Maria e Franca   c.   sera   d.   non

14.   —Quanto costano… per il corso d'italiano?
      a.   il dizionario   b.   il libro   c.   i libri   d.   dollari
           bilingue

15.   … zebre,… ippopotami,… coccodrilli e… giraffe vivono in Africa; ma… orsi (*bears*) polari no.
      a.   Le, i, i, le, i   b.   Le, gli, i, la, i   c.   Le, gli, i, le, gli   d.   Le, gli, i, i, i

16.   A nord-est l'Italia confina con… .
      a.   l'Austria   b.   la Svizzera   c.   la Svezia   d.   la Slovenia

17.   Ogni regione d'Italia ha…
      a.   tre province   b.   un vulcano   c.   una capitale   d.   un capoluogo

18.   In Italia, ogni provincia prende il nome dalla… più importante della zona.
      a.   regione   b.   capitale   c.   centrale   d.   città

19.   —Lei, signora,… è in Italia?
      —Sono di Cortona, provincia di Arezzo, in Toscana.
      a.   dove   b.   di dove   c.   di dov'   d.   sei dove

20.   La parola… deriva dalla lingua ebraica; i nomi degli altri sei giorni della settimana derivano dal
      latino.
      a.   "sabato"   b.   "mercoledì"   c.   "lunedì"   d.   "domenica"

Capitolo III: La famiglia e gli amici

A. L'albero genealogico di Elena Cecchetti. *Listen to* Elena Cecchetti *describe her family while looking at the genealogy chart, then complete the exercises below. You may listen to the passage as many times as you need to.*

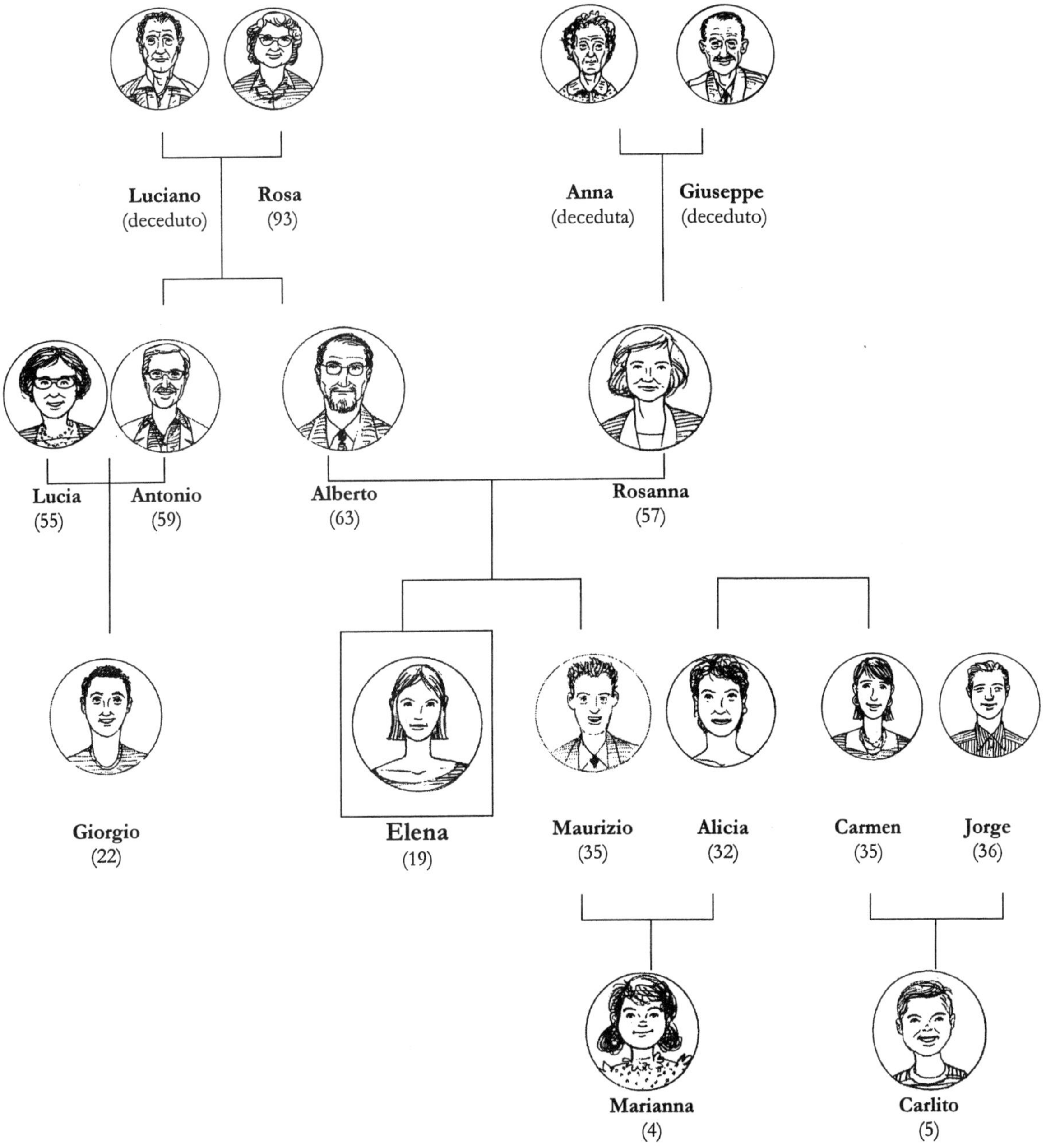

Luciano
(deceduto)

Rosa
(93)

Anna
(deceduta)

Giuseppe
(deceduto)

Lucia
(55)

Antonio
(59)

Alberto
(63)

Rosanna
(57)

Giorgio
(22)

Elena
(19)

Maurizio
(35)

Alicia
(32)

Carmen
(35)

Jorge
(36)

Marianna
(4)

Carlito
(5)

B. La famiglia di Elena. *Choose the correct answer.*

1. Il padre di Elena è... .
    a. meccanico
    b. medico
    c. oncologo
    d. giudice

2. Il padre di Elena ha... .
    a. cinquantatré anni
    b. sessantatré anni
    c. settantatré anni
    d. cinquantaquattro anni

3. La madre fa... .
    a. la parrucchiera
    b. la dottoressa
    c. la giornalista
    d. la professoressa

4. La madre ha... .
    a. cinquant'anni
    b. quarantasette anni
    c. sessant'anni
    d. cinquantasette anni

5. Il fratello di Elena, Maurizio, è... .
    a. sposato
    b. scapolo
    c. cognato
    d. spagnolo

6. La cognata è... .
    a. italiana
    b. messicana
    c. spagnola
    d. inglese

7. La nipotina di Elena si chiama... .
    a. Marina
    b. Arianna
    c. Marilena
    d. Marianna

8. Carlito è... .
    a. il figlio di Elena
    b. il cugino di Elena
    c. il cugino di Carmen
    d. il figlio di Carmen

9. Carlito ha... .
    a. cinque anni
    b. quindici anni
    c. cinquant'anni
    d. venticinque anni

10. A Milano, Elena vive con... .
    a. gli zii
    b. i nonni
    c. i cugini
    d. i genitori

11. Giorgio, il cugino di Elena, studia... .
    a. legge
    b. medicina
    c. economia e commercio
    d. storia dell'arte

12. Elena dice che sua nonna Rosa è... .
    a. timida
    b. indipendente
    c. fantastica
    d. simpatica

C. La famiglia di Elena. *Identify the relationship between the indicated members of Elena's family using the genealogy chart on page 15. Please follow the example.*

> **Esempio:** Giorgio è <u>il cugino di</u> di Elena.

1. Giorgio è _______________________________ Lucia e Antonio.

2. Rosa è _______________________________ Giorgio.

3. Lucia è _______________________________ Antonio.

4. Maurizio è _______________________________ Elena

5. Alberto è _______________________ Maurizio.

6. Rosa è _______________________ Alberto.

7. Antonio è _______________________ Maurizio.

8. Elena è _______________________ Lucia.

9. Carlito è _______________________ Marianna.

10. Antonio è _______________________ Rosanna.

D. La famiglia di Elena. *Complete the following sentences.*

Esempio: Elena è di <u>Roma.</u>

1. Elena studia... _______________________________________

2. Elena vive a... _______________________________________

3. Il fratello di Elena si chiama... _______________________________________

4. Carmen vive a... _______________________________________

5. Carlito ha... _______________________________________

6. La zia Lucia vive a... _______________________________________

7. La zia Lucia fa la... _______________________________________

8. Lo zio Antonio lavora alla... _______________________________________

9. Giorgio studia... _______________________________________

10. Giorgio ha... _______________________________________

11. La nonna si chiama... _______________________________________

12. La nonna ha... _______________________________________

E. Intervista: Com'è la tua famiglia? *Amy Smith studies Italian in the US. Her assignment for tomorrow is to interview an Italian student. She interviews Stefano Bernardi. Listen to the interview and then answer the questions that follow in COMPLETE sentences.*

Esempio: Dove vive Stefano?
Stefano vive a Padova.

1. Di dov'è Stefano?

____

2. Dove vive la famiglia di Stefano?

____

3. Come si chiamano i suoi genitori?

____

4. Come si chiamano le sorelle di Stefano?

____

5. Quanti fratelli e sorelle ha il padre di Stefano?

____

6. Quanti fratelli e sorelle ha la madre di Stefano?

____

7. Quanti cugini ha Stefano?

____

8. Chi è per Stefano la persona più importante della sua famiglia?

____

9. Come descrive Stefano sua sorella Cristina?

____

10. Dove insegnava (*used to teach*) il nonno di Stefano?

____

11. A Stefano piacciono i bambini (*Does Stefano like children*)?

____

12. Come si chiama la nipotina di Stefano?

____

13. Quanti anni ha?

____

 **F. Quanto costa?** *Write out the price indicated on each price tag.*

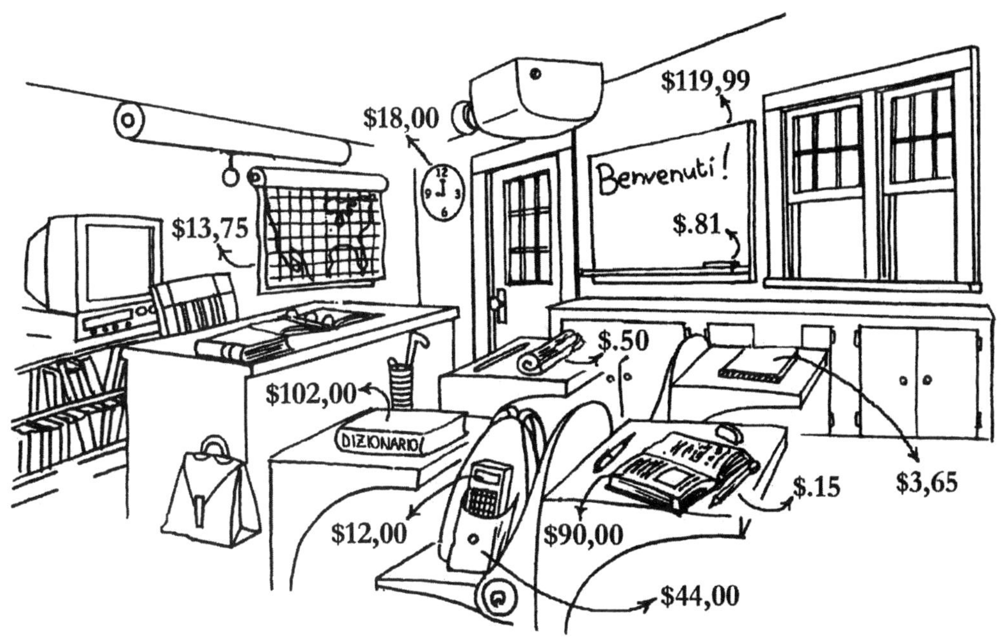

Esempio: La lavagna <u>costa centodiciannove dollari e novantanove centesimi.</u>

1.   Il pennarello ____

2.   L'orologio ____

3.   La carta geografica ____

4.   Il libro di italiano ____

5.   La matita ____

6.   Il quaderno ____

7.   Lo zaino ____

8.   La calcolatrice ____

9.   Il dizionario ____

10.   Il giornale ____

G. **Professioni e mestieri.** *Create complete sentences by matching the professions and trades below with each numbered definition, and by making all the necessary adjustments. As in the example — "Cooks prepare meals"— the SUBJECT of each sentence should be in its MASCULINE PLURAL form.*

A. Cuoco/a ✓	**E.** Pilota	**I.** Tassista	**M.** Medico
B. Segretario/a	**F.** Cassiere/a	**J.** Meccanico	**N.** Giornalista
C. Cameriere/a	**G.** Parrucchiere/a	**K.** Giornalaio/a	
D. Avvocato	**H.** Farmacista (m. e f.)	**L.** Infermiere/a	

1. fare le iniezioni ai pazienti

2. preparare da mangiare ✓

3. tagliare (*cut*) i capelli ai clienti

4. vendere (*sell*) giornali e riviste

5. vendere le medicine

6. prescrivere le medicine

7. scrivere a macchina, rispondere al telefono, organizzare gli appuntamenti

8. riparare le macchine (*cars*)

9. accompagnare le persone in luoghi (*places*) specifici

10. calcolare il prezzo totale della spesa (*groceries*).

11. guidare gli aeroplani e parlare con la torre di controllo degli aeroporti

12. servire i clienti al ristorante

13. difendere le persone accusate in un tribunale, davanti a un giudice (*judge*)

14. scrivere articoli da pubblicare su giornali e riviste

A. 2: I cuochi preparano da mangiare._______________________________________

B. ____

C. ____

D. ____

E. ____

F. ____

G. ____

H. ____

I. ____

J. ____

K. ____

L. ____

M. ____

N. ____

H. Quand'è il compleanno di...? *Write complete sentences stating the date of each person's birthday.*

Esempio: Elena / 14-04   Il compleanno di Elena è <u>il quattordici aprile</u>. (14-04)

1. Il compleanno di Marco è ____ (13-06)

2. Il compleanno di Luca è ____ (08-01)

3. Il compleanno di Giancarlo è ____ (31-03)

4. Il compleanno di Andrea è ____ (23-10)

5. Il compleanno di Tiziana è ____ (10-08)

6. Il compleanno di Monica è ____ (02-09)

7. Il compleanno di Roberta è ____ (11-02)

8. Il compleanno di Edoardo è ____ (21-11)

9. Il compleanno di Patrizia è ____ (04-07)

10. Il compleanno di Leonardo è ____ (16-12)

11. Il compleanno di Giuseppe è ____ (29-05)

12. Il compleanno di Irene è ____ (01-04)

 **I. Come sono?** *Describe the physical traits of the following persons. DO NOT REPEAT THE SAME ADJECTIVE TWICE. (Refer to the* **Pagine gialle** *if necessary).*

Simona   Carlo
Simona e Carlo
1–2

Mario   Vittorio
Mario e Vittorio
3–4

Massimiliano   Lucia
Massimiliano e Lucia
5–6

1. *Simona è alta.*
2. *Carlo è di media statura.*
3. ____
4. ____
5. ____
6. ____
7. ____
8. ____
9. ____
10. ____

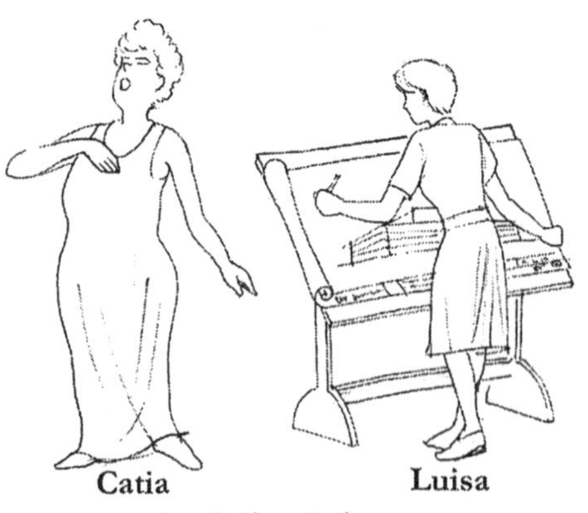

Catia   Luisa
Catia e Luisa
7–8

Ilaria

il mostro

Ilaria e il mostro
9–10

Nome e cognome____Data__________________

J. Di dov'è? Dove vive? *Write the nationality of the following persons and where in Italy they reside.* REFER TO THE MAP OF ITALY IN YOUR TEXTBOOK TO FIND OUT WHERE EACH CITY IS LOCATED.

Esempio: Helen/Irlanda/Roma   Helen è irlandese, ma vive a Roma, nel Lazio.[1]

1. Lupe/Messico/Milano

2. Marie/Francia/Genova

3. John/Stati Uniti[2]/Napoli

4. Marc/Inghilterra/Trieste

5. Kun/Corea/Firenze

6. Lukas/Germania/Torino

7. José/Panama/Palermo

8. Taron/India/L'Aquila

9. Karol/Polonia/Potenza

10. Anya/Russia/Catanzaro

11. Lisa/Albania/Cagliari

12. Ali/Arabia/Perugia

13. Michael/Australia/Bolzano

14. Dolores/Argentina/Venezia

15. Ping/Cina/Bologna

16. Danika/Finlandia/Ancona

17. Edith/Danimarca/Aosta

18. Luena/Filippine/Roma

19. Josefina/Perù/Bari

20. Gheorghe/Romania/Campobasso

---

[1] *Remember that when indicating in which CITY one lives, the preposition* **a** *is used in Italian —always. In contrast, to indicate in which REGION a city is, the following prepositions are used in Italian:* **nel** *(for* **Lazio, Molise, Friuli Venezia-Giulia**), **nelle** *(for* **Marche**) *and* **in** *(for all other regions). Note that the preposition* **in** *can also be used when referring to* **Friuli** *(often used in place of* **Friuli Venezia-Giulia**) *and* **Trentino** *(used in place of* **Trentino Alto-Adige**).

[2] *Although the adjective* **americano** *is profusely used in Italian to refer to a citizen of the United States, we prefer the form* **statunitense**.

K. Cruciverba. La famiglia.

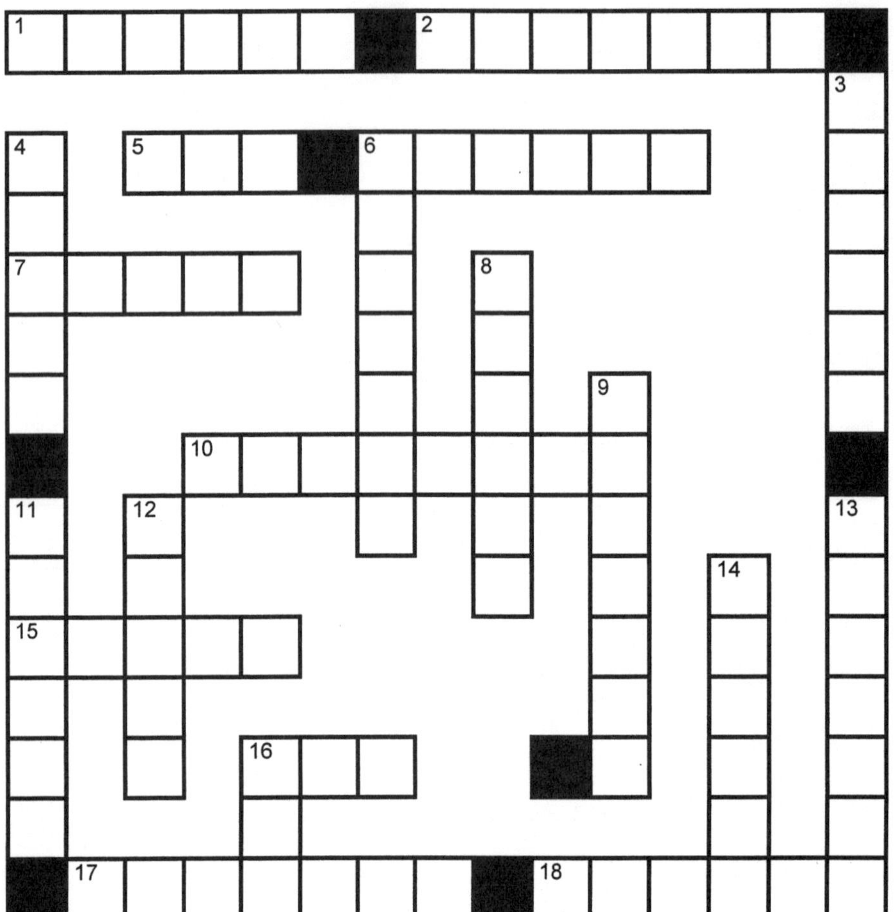

Orizzontali

1. Il figlio del fratello di mio padre è mio... (6)

2. Il padre di mia moglie (o di mio marito) è mio... (7)

5. I fratelli di mia madre sono i miei... (3)

6. Le figlie della sorella di mia madre sono le mie... (6)

7. Il padre di mia madre è mio... (5)

10. Il figlio di mia madre è mio... (8)

15. Mio nonno è il padre di mio... (5)

16. Il fratello di mio padre è mio... (3)

17. Le figlie di mia madre sono le mie... (7)

18. La figlia del fratello di mio padre è mia... (6)

Verticali

3. L'uomo (*man*) che mia sorella ha sposato (*married*) è suo... (6)

4. La madre di mio padre è mia... (5)

6. La moglie di mio fratello è mia... (7)

8. La donna che mio fratello ha sposato è sua... (6)

9. La figlia di mia madre è mia... (7)

11. La figlia di mia figlia è mia... (6)

12. La madre di mia sorella è mia... (5)

13. La madre di mio marito (o di mia moglie) è mia... (7)

14. I figli e le figlie dei miei zii sono i miei... (6)

16. Le sorelle di mia madre sono le mie... (3)

 **L. Qual è la risposta corretta?**

1. Ricordate la controversia: il ... è il primo anno del terzo millenio o l'ultimo anno del secondo millenio?
   a. millenovecentonovantanove   b. duemila   c. il milledue   d. il duemila

2. —Due miliardi di dollari: quanti zeri seguono il numero 2?
   —... .
   a. Due zeri   b. Sei zeri   c. Dieci zeri   d. Nove zeri

3. —Studiamo per la lezione di storia: in che anno è nata la nazione italiana come entità territoriale e politica?
   —Nel... .
   a. duemiladue   b. millenovecentosettanta   c. milleottocentosettanta   d. millecinquecento

4. —Hai un fratello? Com'è?
   —...
   a. Non sta bene.   b. È uno studente.   c. È molto simpatico.   d. È all'università.

5. I miei compagni di classe sono... .
   a. simpatiche   b. intelligente   c. simpatici   d. grande

6. Il nostro professore di architettura è una persona molto... .
   a. creativa   b. creativo   c. artistico   d. celibe

7. —Signora Losacco, com'è Sua sorella fisicamente?
   —...
   a. È quasi finita.   b. Non è molto magra.   c. È molto loquace.   d. È un po' pigra.

8. —Come si chiama tua cognata?
   —Non ho una cognata perché mio... non è... .
   a. padre / divorziato   b. sorella / sposata   c. zio / celibe   d. fratello / sposato

9. Io pulisco la casa ogni venerdì, e voi, quando... la casa?
   a. puliamo   b. puliate   c. pulite   d. pulisce

10. —Elena, a che ora... di casa quando... all'università?
    —Di solito, alle otto meno un quarto.
    a. pulisci / sei   b. esci / arrivi   c. esci / vai   d. torni / vai

11. Il venerdì sera, di solito, mio fratello e la sua fidanzata… e… al cinema.
     a.   escano / vadano   b.   escono / vanno   c.   uscite / andate   d.   sono / vedono

12. Mia moglie è la nuora di mio… .
     a.   marito   b.   zio   c.   fratello   d.   padre

13. I cittadini della Polonia si chiamano …
     a.   polinesi   b.   poli   c.   polacchi   d.   polacche

14. I mesi che hanno trentuno giorni sono gennaio, …, …, luglio, agosto, ottobre, dicembre.
     a.   marzo, aprile   b.   maggio, aprile   c.   maggio, giugno   d.   marzo, maggio

15. È facile ricordare il compleanno di mia madre: è… gennaio.
     a.   primo   b.   l'uno   c.   il secondo   d.   il primo

16. Tutti i miei amici sono simpatici, ma le più… sono Laura e Maria, perché sono sempre allegre.
     a.   allegre   b.   amiche   c.   simpatici   d.   simpatiche

17. Il sabato sera Giovanna e Roberto escono con… amici.
     a.   i   b.   le   c.   i suoi   d.   i loro

18. Giovanna segue tre corsi; …non è pesante questo semestre.
     a.   sue ore   b.   il suo orario   c.   suo orario   d.   la sua lezione

19. —Dove vive adesso… nipote Marco?
     —A Riad, in Arabia Saudita.
     —E parla arabo?
     —Sì, quasi perfettamente.
     a.   il tuo   b.   la tua   c.   tua   d.   tuo

20. I… di mia moglie sono i miei suoceri.
     a.   zii   b.   nonni   c.   genitori   d.   fratelli

Capitolo IV: La vita di tutti i giorni

A. Verbi riflessivi. *Conjugate the following reflexive verbs. Remember to use the appropriate reflexive pronoun with each form of the verb.*

Alzarsi

io	noi
tu	voi
lei, lui, Lei	loro, Loro

Mettersi

io	noi
tu	voi
lei, lui, Lei	loro, Loro

Vestirsi

io	noi
tu	voi
lei, lui, Lei	loro, Loro

B. Pronomi riflessivi. *Complete the sentences with the appropriate reflexive pronouns.*

Esempio: Marco _si_ fa la barba la mattina.

1. Io ___________ alzo sempre presto la mattina.

2. Antonella ___________ lava i denti tre volte al giorno.

3. La professoressa di chimica ___________ chiama Rossella Massa.

4. Quando ___________ fai la doccia, la mattina o la sera?

5. La sera Barbara e io ________ mettiamo il pigiama e ___________ laviamo i denti.

6. Il marito di Isabella ___________ fa la barba, e poi ___________ mette il dopobarba.

7. Perché non ___________ pettinate prima di uscire?

8. Alessandro e Carlotta ___________ alzano tardi il sabato. Io e Roberta, invece, ___________ alziamo presto.

9. Patrizia non è bellissima, ma ___________ trucca molto bene!

10. Come ___________ asciugate i capelli: all'aria o con l'asciugacapelli?

C. La routine di Tiziana e Patrizia. *Read the following paragraph about two friends, and then decide whether the statements below are true or false. Write* **VERO** *or* **FALSO** *by each statement. If the statements are wrong, correct them USING COMPLETE SENTENCES.*

> Tiziana e Patrizia sono due amiche che frequentano l'università di Roma. Tiziana studia Farmacia e Patrizia studia Giurisprudenza.
>
> Tiziana si alza presto tutti i giorni, va a correre, si fa la doccia, fa colazione con cereali e yogurt, si veste e va all'università. Arriva a lezione alle otto in punto, poi va in biblioteca, mangia alla mensa dell'università, e torna a casa alle tre. Il pomeriggio, Tiziana studia fino alle sette, poi guarda la televisione e parla al telefono con un paio di amici. Più tardi si prepara un tè e verso le dieci va a letto.
>
> Patrizia invece si alza alle nove e mezza, legge il giornale, pulisce la casa, si veste e si trucca, e poi va all'università. Si ferma a mangiare in un *fast-food*, e arriva a lezione alle due e mezza. Dopo le lezioni, va a fare una passeggiata, e se c'è bel tempo studia in un parco vicino a casa sua. Torna a casa poco prima delle otto. Cena velocemente e poi si fa il bagno. Più tardi ascolta la radio, risponde alla posta elettronica e legge un po'. Di solito va a letto verso mezzanotte.
>
> Tiziana e Patrizia sono molto diverse fra loro, ma sono amiche.

Esempi: Tiziana frequenta l'Università a Roma.   <u>Vero.</u>
               Tiziana e Patrizia sono cugine.   <u>Falso. Tiziana e Patrizia sono amiche.</u>

1. Tiziana si alza alle dieci tutti i giorni.   ____

2. Patrizia corre tutte le sere.   ____

3. Patrizia va a letto alle dieci.   ____

4. Tiziana mangia alla mensa.   ____

5. Patrizia si fa la doccia la mattina.   ____

6. Tiziana si trucca la mattina.   ____

7. Patrizia studia sempre a casa.   ____

8. Patrizia guarda la televisione.   ____

Nome e cognome____Data__________________

9. Tiziana si fa il bagno la mattina.   _____________________________________

10. Tiziana si rilassa e ascolta la radio.   _____________________________________

D. E tu? *Answer the following questions about your daily routine in COMPLETE SENTENCES.*

Esempio: Quando ti fai la doccia?
                 <u>Mi faccio la doccia la mattina.</u>

1. A che ora ti alzi la mattina?

____

2. Cosa mangi a colazione?

____

3. Quando ti lavi i denti, prima di fare colazione o dopo colazione?

____

4. Ti trucchi?

____

5. Ti fai la barba? / Ti depili?

____

6. Come vai all'università? In autobus, in bicicletta, in macchina, in motorino o a piedi?

____

7. Cosa studi all'università?

____

8. Dove mangi di solito a pranzo?

____

9. A che ora rientri a casa?

____

10. A che ora ti metti il pigiama?

____

E.   La routine di Luca Gemma. *While you observe the illustrations, listen to the description of* Luca *'s daily routine.*

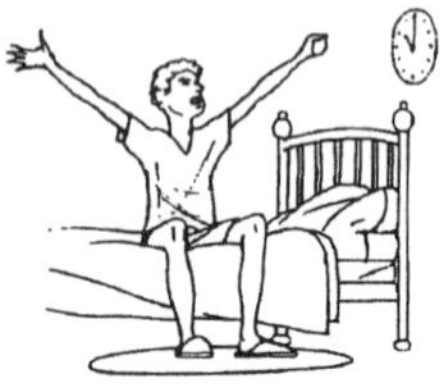

1

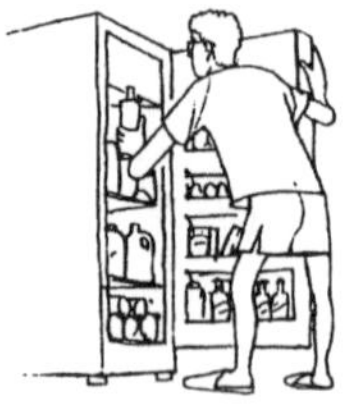

2

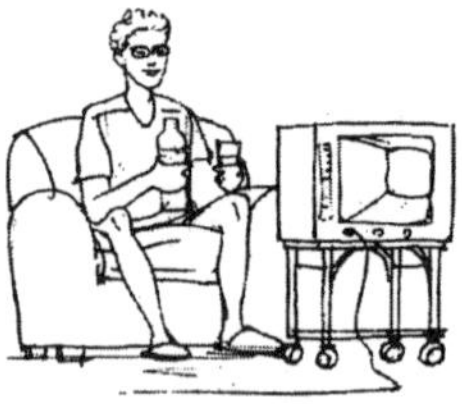

3

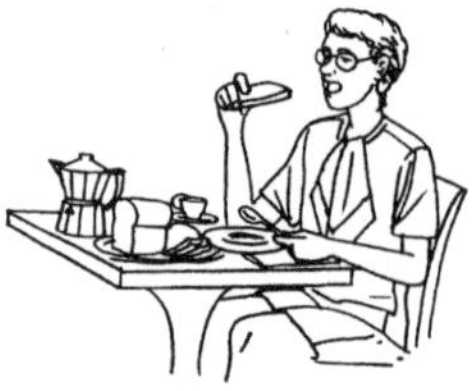

4

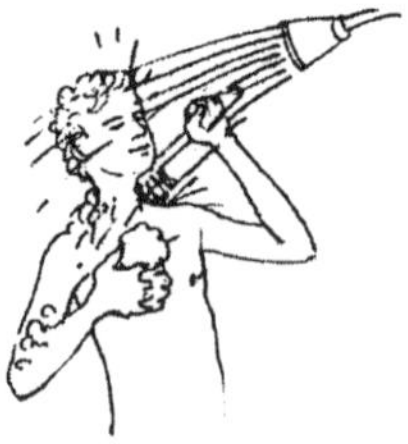

5

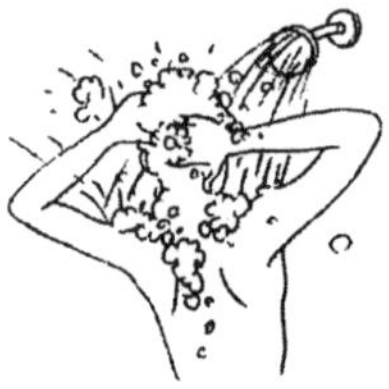

6

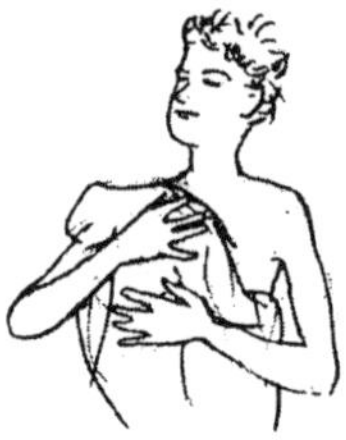

7

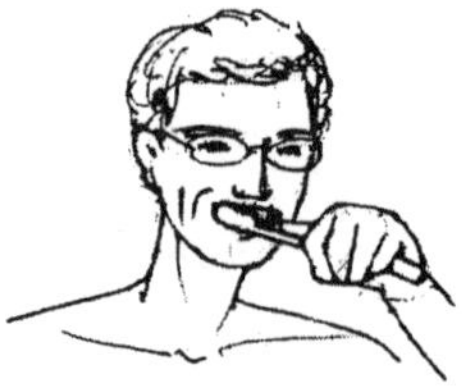

8

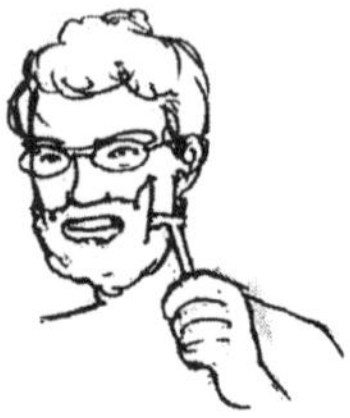

9

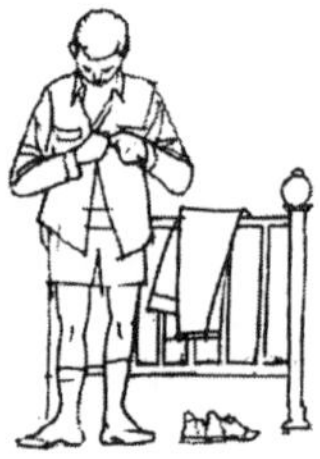

10

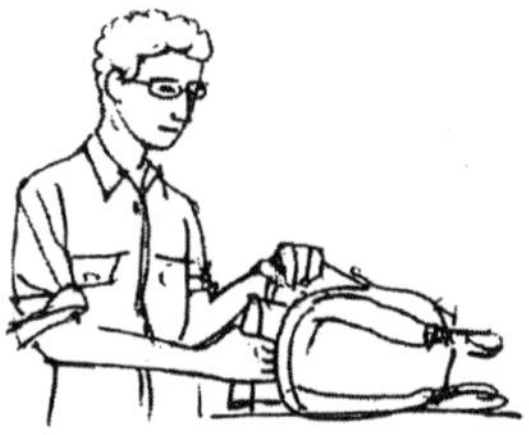

11

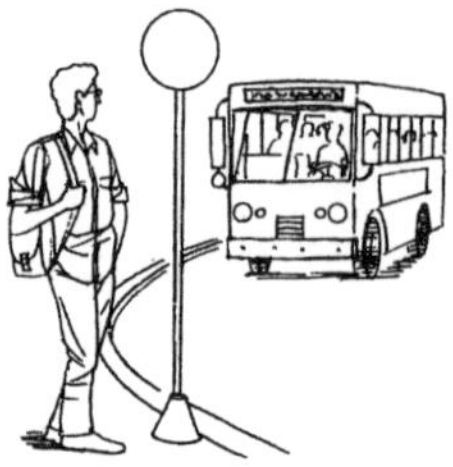

12

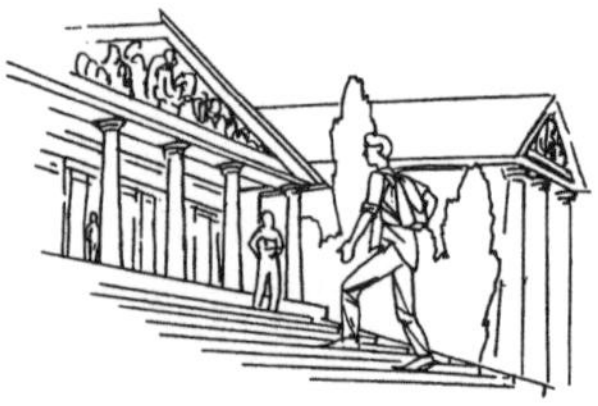

13

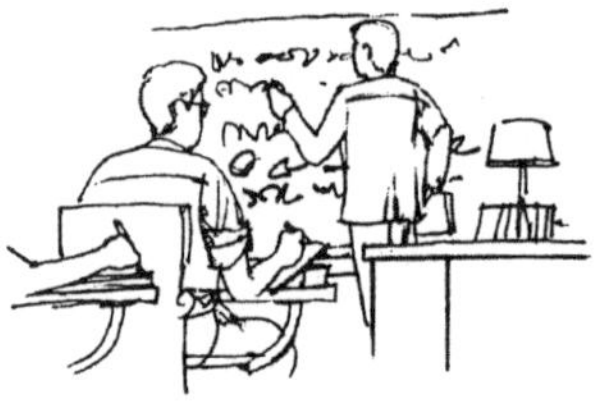

14

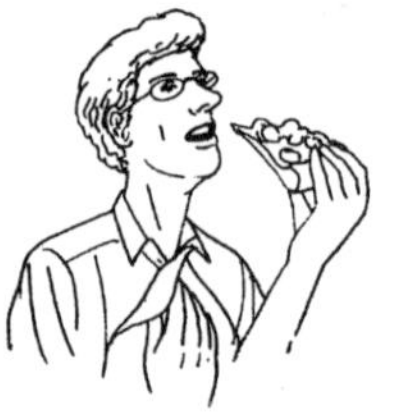

15

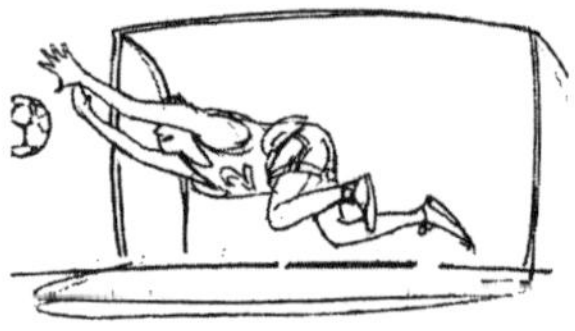

16

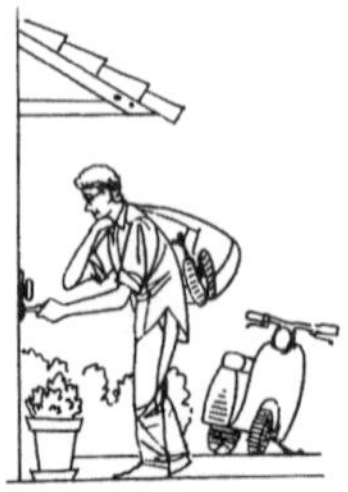

17

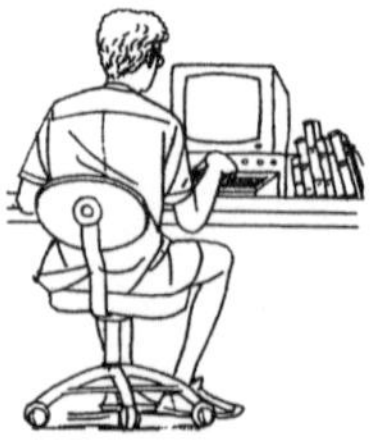

18

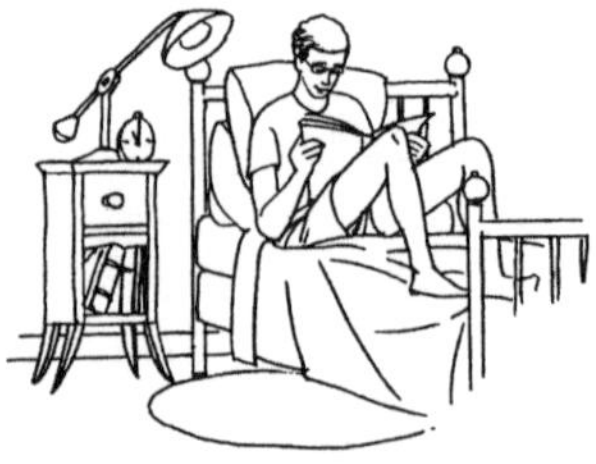

19

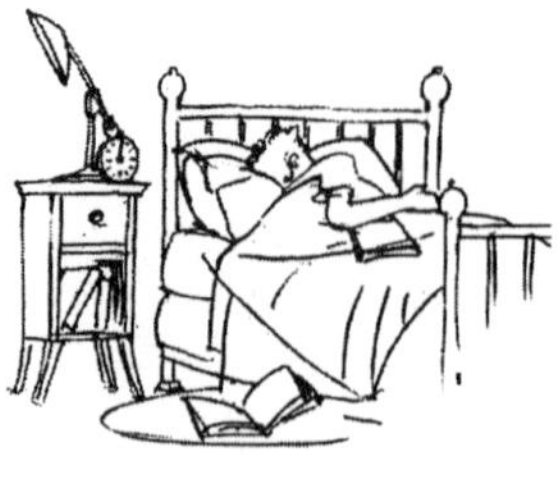

20

F. La routine di Luca Gemma. *As you listen one more time to* Luca*'s routine as illustrated in exercise E, write down what the speaker dictates to you. Follow the example.*

Esempio: 1.   <u>Luca si sveglia verso le dieci.</u>

2. ____

3. ____

4. ____

5. ____

6. ____

7. ____

8. ____

9. ____

10. ____

11. ____

12. ____

13. ____

14. ____

15. ____

16. ____

17. ____

18. ____

19. ____

20. ____

G.   La routine di Luca.   Vero o falso? *Listen to the statements and indicate whether they are true (**VERO**) or false (**FALSO**). If they are false, correct them. You will hear each statement twice. During the first reading, listen carefully. During the second reading, take brief notes of the answer. Then, stop the recording and either write VERO or expand your answer into a grammatically correct sentence. Finally, as you listen to the correct answer, check your work.*

Esempio: (*you hear*)   Luca si alza verso le dieci.
            (*you listen again as you take notes*)   Si alza...verso...10:00
            (*you stop the recording and write*)   Vero.
            (*you listen and check your work*)   ✓

Esempio: (*you hear*)   Luca si alza verso le otto e mezza.
            (*you listen again as you take notes*)   Si alza...8:30
            (*you stop the recording and write*)   Falso. Luca si alza verso le dieci.
            (*you listen and check your work*)   ✓

1. ____

2. ____

3. ____

4. ____

5. ____

6. ____

7. ____

8. ____

9. ____

10. ____

H. **Antonella ed io.** *Read what* Antonella *does and then write whether or not you do the same things.*

Esempio:

Anch'io mi sveglio alle sette. (*or*)
Io non mi sveglio alle sette, mi sveglio alle sei.

Antonella si sveglia alle sette.

1. Antonella studia architettura.

2. Antonella si fa la doccia la mattina.

3. Antonella va all'università in autobus.

4. Antonella studia in biblioteca.

5. Antonella va spesso al cinema.

6. Antonella va a letto alle undici.

1. ____

2. ____

3. ____

4. ____

5. ____

6. ____

I. Mi piace... Non mi piace... *Write down five (5) activities that you like doing and five (5) that you dislike.*

Esempi: <u>Mi piace fare aerobica.</u>   <u>Non mi piace correre.</u>

<u>Mi piace...</u>   <u>Non mi piace...</u>

1. ________________________   1. ________________________

2. ________________________   2. ________________________

3. ________________________   3. ________________________

4. ________________________   4. ________________________

5. ________________________   5. ________________________

J.   Una conversazione telefonica. Antonella *is at the computer when she receives a phone call from Marco. Listen to their conversation and then answer the following questions in COMPLETE SENTENCES. In order to keep on improving your listening skills, you should first concentrate on listening to the conversation. You may read the questions before you listen the first time, or after.*

1.   Come sta Antonella?

____

2.   Cosa sta facendo Antonella quando il telefono squilla (*rings*)?

____

3.   Che tempo fa oggi?

____

4.   Cosa vuole (*wants to*) fare Marco?

____

5.   Cosa fa Antonella oggi pomeriggio?

____

6.   Cosa propone Antonella?

____

7.   Marco accetta la proposta di Antonella?

____

8.   A che ora è l'appuntamento dei due amici?

____

K. **In che stagione siamo?** *Read the statements and determine to which season of the year each of them refers. If there are words that are unfamiliar to you, refer to the* **Pagine gialle** *section in your textbook.*

Esempio: Fa molto caldo e non piove quasi mai.
<u>Siamo in estate.</u>

1. Piove spesso, ma non fa freddo e gli alberi sono in fiore.

2. Fa fresco, e la settimana prossima comincia il campionato di futbol americano.

3. Fa molto caldo e molte persone vanno al mare o ai laghi.

4. C'è la neve, e il sole tramonta presto, verso le quattro del pomeriggio.

L. **Che tempo fa?** **Le previsioni del tempo** *(The weather forecast).* *Read the following section of the weather forecast—adapted from the daily Italian newspaper* La Repubblica. *Then answer the questions in* CONCISE SENTENCES. *The first question has been answered for you, as an example.*

OGGI IN ITALIA
Nord: Cielo nuvoloso con alcuni temporali su regioni di nord-est, incluse Lombardia orientale, Emilia Romagna. Instabilità sulla Liguria dove non si escludono locali precipitazioni. **Centro e Sardegna:** Al centro tempo in peggioramento. Poco nuvoloso sulla Sardegna con scarsa probabilità di precipitazioni. **Sud e Sicilia:** Su Campania e Molise ed in Sicilia possibili piogge pomeridiane. **Temperature:** Stazionarie. Nel pomeriggio, in sensibile diminuzione sulle regioni nord orientali. **Venti:** Deboli nord-occidentali settentrionali con rinforzi sulla Sardegna occidentale.

DOMANI IN ITALIA
Tempo previsto: Cielo sereno al nord, nelle isole, sulle regioni centrali tirreniche, un po' di nuvole al sud. Possibili piogge leggere su Puglia, Calabria, Basilicata. **Temperature:** In diminuzione al centro-nord, clima relativamente fresco anche alle basse quote. **Venti:** Forti al sud e in Sicilia.

Esempio: Com'è il tempo oggi sulle regioni del nord-est?
<u>Cielo nuvoloso e temporali.</u>

1. Com'è il tempo oggi al centro?

2. Piove o non piove in Sardegna?

3. In Sicilia è prevista (*foreseen*) pioggia al mattino o nel pomeriggio?

4.   La temperatura è in aumento o in diminuzione?

5.   Che tempo è previsto per domani sulle regioni centrali tirreniche?

6.   Che tempo è previsto per domani sulla Puglia?

7.   Dove sono previsti venti forti (*strong*)?

M. Che tempo fa? Le temperature. *Look at the following section of the weather forecast from the daily newspaper* La Repubblica. *Then answer the questions in CONCISE SENTENCES. Follow the example.*

▪TEMPERATURE ▪

	IERI		OGGI		DOMANI		
	Min	Max	Min	Max	Min	Max	
Alghero	16	29	17	31	16	32	
Ancona	15	26	16	25	13	23	
Aosta	17	30	12	23	9	22	
Bari	19	25	20	30	17	25	
Bologna	17	30	16	26	13	27	
Bolzano	15	30	12	25	9	26	
Brindisi	21	26	22	33	19	28	
Cagliari	19	34	21	30	20	30	
Campobasso	15	23	16	24	14	18	
Catania	24	30	19	32	21	31	
Firenze	15	31	15	27	12	28	
Genova	21	26	20	27	18	25	
Imperia	21	27	21	29	20	27	
L'Aquila	7	25	14	23	10	17	
Messina	23	29	23	33	24	31	
Milano	20	27	20	27	15	26	
Napoli	18	30	20	30	17	28	
Olbia	17	31	19	30	16	27	
Palermo	24	29	23	31	23	28	
Perugia	15	30	18	24	14	24	
Pescara	14	27	15	30	12	25	
Pisa	17	29	17	29	14	28	
Potenza	16	28	18	27	14	20	
Reggio Calabria	23	28	24	33	25	30	
Roma (Fiumicino)	17	28	20	29	15	28	
Roma (Urbe)	15	32	18	30	14	28	
Torino	17	26	17	29	12	24	
Trieste	19	27	15	24	14	26	
Venezia	16	26	13	24	12	26	
Verona	17	28	13	25	12	27	

Esempio: Qual è la temperatura massima oggi a Bari?
Trenta gradi.

1.   La temperatura minima aumenta o diminuisce domani a Catania?

2.   Qual è stata (*was*) la temperatura massima a Genova ieri?

3.   Dove fa più caldo oggi: a Messina o a L'Aquila?

4.   E domani, dove è prevista la temperatura più alta: a Torino o a Olbia?

5.   Dopodomani è prevista pioggia in cinque (5) città del nord. Quali?

6.   Dopodomani è previsto un cielo nuvoloso in due città della Sicilia: quali?

7.   Prendendo in considerazione le temperature, dica (*say*) in che stagione ci troviamo.

N. Almanacco di oggi. *Look at the almanac from the daily newspaper* La Repubblica. *Then answer the questions in COMPLETE SENTENCES. Write out all the numbers.*

SOLE ☼		
sorge		**tramonta**
5,55	**Bari**	20,01
6,06	**Napoli**	20,10
6,15	**Palermo**	20,08
6,11	**Roma**	20,20
6,09	**Bologna**	20,31
6,12	**Firenze**	20,29
6,16	**Milano**	20,42
6,19	**Genova**	20,40
6,23	**Torino**	20,48

LUNA

○

CRESCENTE

Disco in luce: **5%**   Età: **2 giorni**

Oggi, 48° giorno d'estate,
il Sole è a 135°
nella costellazione del Cancro
e a 15° nel segno del Leone.

1.   A che ora sorge il sole a Roma?

2.   A che ora tramonta il sole a Genova?

3.   Il sole oggi tramonta prima a Bologna o a Milano?

4.   A che ora sorge il sole a Palermo?
      ____

5.   In quale città il sole tramonta più tardi? La città si trova al nord o al sud?
      ____

6.   L'estate comincia il 21 giugno. A quale giorno corrisponde l'almanacco?
      ____

O. Qual è la risposta corretta?

1.   Le due isole maggiori d'Italia sono la Sicilia e...
      a.   l'isola d'Elba.   b.   Ischia.   c.   la Sardegna.   d.   la Puglia.

2.   Le due regioni più piccole dell'Italia del nord sono la Valle d'Aosta e...
      a.   la Lombardia.   b.   la Liguria.   c.   il Veneto.   d.   il Piemonte.

3.   Roma è la capitale...
      a.   della Toscana.   b.   d'Italia.   c.   di provincia.   d.   del Lazio.

4.   Firenze si trova (*is located*)...
      a.   nel Veneto.   b.   nelle Marche.   c.   in Lombardia.   d.   in Toscana.

5.   Venezia è il capoluogo del...
      a.   Veneto.   b.   Piemonte.   c.   Abbruzzo.   d.   Trentino.

6.   Prima mi vesto e poi...
      a.   mi alzo.   b.   mi faccio la doccia. c.   mi pettino.   d.   fa colazione.

7.   Per... Tiziana ascolta la radio.
      a.   rilassarsi   b.   piacere   c.   rilassarmi   d.   rilassarti

8.   A Luca piace fare colazione con... e marmellata.
      a.   succo, burro   b.   caffè, acqua   c.   margarina, burro   d.   pane, burro

9.   Elena non è pigra (*lazy*) ma la domenica mattina... dormire fino alle undici.
      a.   non gli piace   b.   le piace   c.   non piace   d.   sempre piace

10.   Quando sentiamo[1] i tuoni, capiamo[2] che sta arrivando...
      a.   il tempo.   b.   il temporale.   c.   l'orario.   d.   l'estate.

11.   In generale non mi... molto le lingue straniere, ma l'italiano mi... tantissimo.
      a.   piace / piacciono   b.   piaccio / piace   c.   studio / piace   d.   piacciono / piace

12.   Io vado spesso al cinema, invece, ... , piace di più vedere i film in DVD.
      a.   mio fratello   b.   a mia sorella   c.   i miei genitori   d.   voi

---

[1] **Sentire** *(to feel, to hear)* = **sento, senti, sente, sentiamo, sentite, sentono.**
[2] **Capire** *(to understand)* is a verb in **–isco**, like **pulire** *(to clean)*, **preferire** *(to prefer), and so on* = **capisco, capisci, capisce, capiamo, capite, capiscono.**

13. Quando ti lavi i denti, ... nello specchio o no?
    a. ti guarda   b. mi guardo   c. ti guardi   d. si guarda

14. —Che cosa ti piace... quando fuori... molto freddo?
    —Mi piace bere la cioccolata calda.
    a. fai / fare   b. farmi / fare   c. fare / fa   d. fare / facendo

15. Come vai all'università?
    a. Bene.   b. La mattina presto.   c. In motorino.   d. In ciotola.

16. Quando ti svegli la mattina, preferisci alzarti subito o... dormire un altro po'?
    a. gli piace   b. ti piace   c. mi piace   d. le piace

17. —Perché Giovanna pulisce la casa ogni due giorni?
    —Perché... avere la casa pulita e ordinata.
    a. ci piace   b. gli piace   c. a lei   d. le piace

18. La mia stagione preferita è... perché tutti gli alberi sono in fiore.
    a. l'autunno   b. l'inverno   c. la primavera   d. l'estate

19. 70° F corrispondono a...
    a. 35 °C.   b. 30° C.   c. 21° C.   d. 15° C.

20. —C'è tuo padre a casa?
    —Sì, è in cucina; ... preparando la cena.
    a. fa   b. sta   c. è   d. le piace

Capitolo V: Com'è la tua casa?

A. Un appartamento bellissimo. *Listen to Elena describe her parents' apartment. During the first listening, identify the rooms and the order in which each is mentioned (the first has been done for you as an example). Then, listen to the passage as many times as you need in order to answer the questions below in CONCISE SENTENCES.*

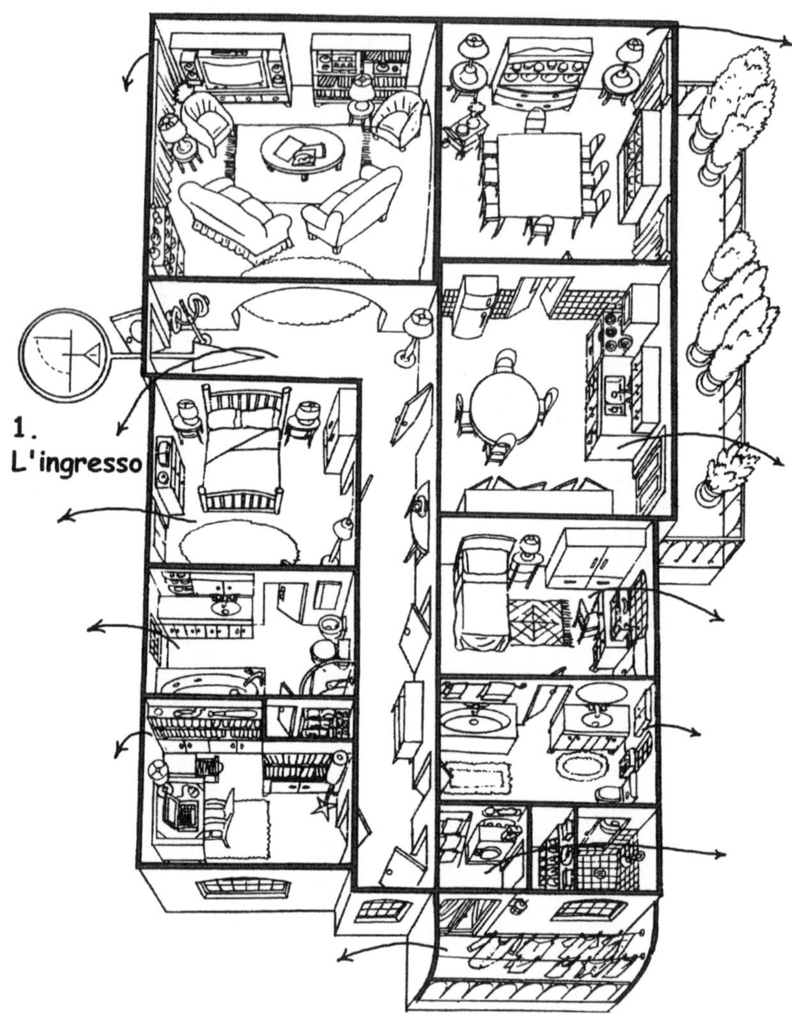

1.   Che tipo di casa hanno i genitori di Elena?

____

2.   Elena dice che ai suoi genitori piace molto la loro casa, per due ragioni (*reasons*):
      a)
____
      b)
____

3.   Quanti anni fa è stato ristrutturato (*remodeled*) l'appartamento?

____

4.   Com'è il tavolo della sala da pranzo?

____

5. Cosa c'è nel soggiorno?

____

6. Quante camere da letto ci sono?

____

7. Quando Elena è a casa dei suoi genitori, dove passa la maggior parte del suo tempo?

____

8. Che mobili ci sono nello studio?

____

9. Quanti bagni ci sono?

____

10. Per che cosa si usa di solito il balcone che è vicino alla lavanderia?

____

B. La mia casa. *Describe your house briefly. Read the example carefully before you begin writing.*

Esempio: La mia casa non è molto grande. Ci sono due stanze da letto, un bagno, una cucina piccola e un soggiorno. Fuori c'è un giardino abbastanza spazioso, con un ombrellone e due sedie sdraio (*beach chairs*). In estate mi piace molto stare fuori a leggere e a prendere il sole.

____

____

____

____

____

C. Ecco la mia casa. *Now draw a simple plan of your home using the symbols—and the corresponding words—provided below.*

Porta principale	Porta	Finestra	Letto

Divano	Tavolo e sedie	Vasca	Doccia

Vater	Lavabo	Cucina	Lavandino cucina

La pianta (*floor plan*) **di casa mia.**

D. Che forma ha e quanto è grande? *Measure your bedroom and your bathroom and describe the shape and size of each, using the METRIC SYSTEM. Keep in mind that 1 meter equals approximately one long step. Remember noun-adjective agreement.*

Vocabolario utile: • quadrato/a (*square*)   • rettangolare (*rectangular*)

Esempio: La mia stanza da letto è rettangolare; è lunga sei (6) metri circa e larga quattro (4): ventiquattro (24) metri quadrati in tutto.

La mia stanza da letto ____

____

____

____

Il mio bagno ____

____

____

____

E. Dove si trova normalmente?

1. La libreria, normalmente, si trova... .
a. in giardino   b. in bagno   c. nella sala da pranzo   d. nello studio

2. Il tavolo e le sedie, normalmente, si trovano... .
a. nello studio   b. in bagno   c. nella cucina   d. sul balcone

3. La lavastoviglie, normalmente, si trova... .
a. nell'armadio   b. nella lavanderia   c. in soggiorno   d. in cucina

4. Il divano, normalmente, si trova... .
a. nello stanzino   b. in cucina   c. in soggiorno   d. in camera da letto

5. Il lavandino, normalmente, si trova... .
a. in sala da pranzo   b. nello studio   c. in cucina   d. in camera da letto

6. Il lavabo, normalmente, si trova... .
a. in cucina   b. nella lavanderia   c. sul balcone   d. in bagno

7. Il carrello portavivande, normalmente, si trova... .
a. in bagno   b. nello stanzino   c. all'ingresso   d. in sala da pranzo

Nome e cognome____Data__________________________

F. Le cose della casa. *Describe the following items in your home, by choosing at least two of the options given. Please follow the example.*

Esempio: Il tavolo che[1] ho in cucina è quadrato, di legno.

1. Tavolo / cucina
- quadrato / rettangolare
- rotondo / ovale
- di legno / di metallo / di formica
- di plastica / di cristallo

2. Tavolo / soggiorno
- quadrato / rettangolare
- rotondo / ovale
- di legno / di metallo / di formica
- di plastica / di cristallo

3. Divano / soggiorno
- a due posti
- a tre posti
- usato
- nuovo

4. Comodino/vicino al letto
- grande/piccolo
- quadrato/rettangolare
- rotondo/ovale
- di legno / di metallo / di formica

5. Lumetto/sul comodino
- nuovo
- vecchio
- semplice
- ornato

G. Cosa hai fatto in casa? *Write three (3) household chores you have done recently.*

Esempi:
1. Sabato scorso ho pulito il bagno.
2. Ieri sera ho cucinato.
3. Stamattina ho buttato via l'immondizia.

1. ____

2. ____

3. ____

---

[1] **Che** *corresponds to the English relative pronoun "that."*

  **H. Un fine settimana speciale.** *It is Friday night.* Luca Gemma, *his sister* Nicoletta, *and* i signori Gemma *are thinking about how they will spend their Saturday. This is what you should do: FIRST read about their plans for the weekend; THEN imagine it is Sunday already, and write what they did, using the* **passato prossimo** *in the he/she/they forms. Follow the example!*

Domani (1) **vado** ad Amalfi con il treno delle sei e trenta. (2) **Porto** il libro di storia moderna perché durante il viaggio in treno voglio (3) **leggere** il capitolo sulla rivoluzione industriale. Non (4) **mi preparo** il caffè a casa, perché sicuramente lo (5) **prendo** al bar della stazione.

Appena (*as soon as*) (6) **arrivo** ad Amalfi, (7) **compro** i fiori per il compleanno di mamma. Dopo pranzo (8) **esco con** gli amici. Voglio anche (9) **vedere** Monica. La sera (10) **sto** a casa per cena, (11) **guardo** la televisione, e prima di andare a letto (12) **rispondo** alla posta elettronica dal computer di papà.

Esempio: <u>Luca è andato ad Amalfi con il treno delle sei e trenta.</u>
(Luca went to Amalfi on the 6:30 train.)

1. ____
   (...took his modern history book)

2. ____
   (...read the chapter on the Industrial Revolution)

3. ____
   (...did not make himself coffee)

4. ____
   (...got it in the coffee shop at the railway station)

5. ____
   (...arrived in Amalfi)

6. ____
   (...bought flowers for his mom's birthday)

7. ____
   (...went out with [his] friends)

8. ____
   (...saw Monica)

9. ____
   (...stayed home for dinner)

10. ____
    (...watched TV)

11. ____
    (...answered e-mail)

Domani (1) **vado** alla stazione a prendere Luca e lo (2) **aspetto** in macchina. Forse poi possiamo (3) **fare colazione** al bar, e più tardi (4) **andiamo** a comprare il regalo per mamma.

Dopo pranzo voglio (5) **lavarmi** i capelli e (6) **truccarmi** un po', perché verso le cinque (7) **esco** con le mie amiche, e sicuramente (8) **vedo** anche Antonio. Ma prima di uscire voglio (9) **aiutare** papà in giardino, e non devo (10) **dimenticarmi** di innaffiare le piante sul balcone, perché l'ho promesso a mamma.

Sicuramente (11) **torno** a casa prima delle otto, perché la cena è alle otto e mezza, e ci sono anche nonno e nonna.

Now write what **Nicoletta** *did yesterday, by conjugating the verbs in boldface in the* **passato prossimo**. *Follow the example.*

Esempio: Nicoletta è andata alla stazione a prendere Luca.
(Nicoletta went to the train station to pick up Luca.)

1. ____
   (...waited for him in the car)

2. ____
   (...had breakfast with Luca at a café)

3. ____
   (...went to buy a present for her mom)

4. ____
   (...washed her hair)

5. ____
   (...put on some make-up)

6. ____
   (...went out with her girlfriends)

7. ____
   (...saw Antonio)

8. ____
   (...helped her dad in the yard)

9. ____
   (...did not forget to water the plants on the balcony)

10. ____
    (...returned home before eight)

Domani mattina, mentre i ragazzi sono fuori, (1) **puliamo** la casa: (2) **mettiamo in ordine** la cucina e (3) **prepariamo** la sala da pranzo per la cena con i nonni.

Poi (4) **andiamo** al mercato a fare la spesa. Non (5) **stiamo** fuori fino all'ora di pranzo, perché sicuramente Luca e Nicoletta tornano prima, e non hanno le chiavi di casa.

Dopo pranzo, (6) **ci riposiamo** un po' e poi (7) **facciamo** giardinaggio. Dobbiamo (8) **innaffiare** le piante e (9) **tagliare** l'erba. Nel pomeriggio (10) **guardiamo** un po' la TV.

Appena arrivano i nonni (11) **andiamo** a messa, ma poi (12) **torniamo** subito a casa. (13) **Finiamo** di preparare la cena... forse possiamo (14) **invitare** tre o quattro amici dei ragazzi, così la cena di compleanno è più movimentata (*lively*).

Dopo cena, (15) **mangiamo** la torta, (16) **ascoltiamo** un po' di musica e (17) **parliamo** un po'.

1. <u>I signori Gemma hanno pulito la casa.</u>
    (*Mr. and Mrs. Gemma cleaned the house.*)

2. ____
    (*...tidied up the kitchen*)

3. ____
    (*...prepared the dining room for dinner*)

4. ____
    (*...went grocery shopping at the market*)

5. ____
    (*...did not stay out until lunch time*)

6. ____
    (*...rested a little*)

7. ____
    (*...gardened*)

8. ____
    (*...watered the plants*)

9. ____
    (*...cut the grass*)

10. ____
    (*...watched TV*)

11. ____
    (*...went to mass*)

12. ____
    (*...returned home immediately*)

13. ____
    (*...finished preparing dinner*)

14. ____
    (...invited three or four of their childrens' friends)

15. ____
    (...ate the cake)

16. ____
    (...listened to some music)

17. ____
    (...talked for a little while)

I. E tu? Cosa hai fatto DOMENICA SCORSA? *Now answer the following personal questions truthfully, with COMPLETE SENTENCES. Be careful to change the past participles according to your gender whenever you use the verbs that take* **essere** *as auxiliary in the past tense.*

1.   Ti sei alzato/a tardi o presto?

____

2.   Ti sei fatto/a la doccia o ti sei fatto/a il bagno?

____

3.   Hai fatto colazione a casa o fuori? Se fuori, dove?

____

4.   Hai fatto una passeggiata? Se sì, con chi?

____

5.   Hai ascoltato la radio? Hai guardato la televisione? Se sì, che programma hai ascoltato/visto?

____

6.   Hai studiato per le lezioni o hai lasciato i libri chiusi? Se hai studiato, per quali lezioni?

____

7.   Sei andato/a al cinema? Hai visto un film in videocassetta/DVD? Se sì, che film hai visto?

____

8.   Sei venuto/a all'università o no? Se sì, cosa hai fatto?

____

9.   Sei uscito/a con gli amici o hai passato la serata a casa?

____

10.   Se sei uscito/a, sei rientrato/a prima di mezzanotte o dopo mezzanotte?

____

11.   Ti sei addormentato/a[2] (*did you fall asleep*) preoccupato/a o calmo/a?

____

---

[2] *The infinitive of* "ti sei addormentato/a" *is* **addormentarsi**.

J. Una giornata del tutto normale. *Look at these 20 drawings and write down what the speaker dictates to you. You will hear each sentence twice. Follow the example provided below.*

1. (svegliarsi presto: 6:30)

2. (bere un bicchiere d'acqua)

3. (andare a correre al parco)

4. (rientrare a casa)

5. (farsi la doccia e lavarsi i capelli)

6. (asciugarsi)

7. (fare colazione)

8. (lavarsi i denti)

9. (pettinarsi e truccarsi)

10. (prendere i libri e uscire di casa)

11. (arrivare all'università)

12. (parcheggiare il motorino)

13. (assistere a una lezione di biologia)

14. (studiare in biblioteca)

15. (ritornare a casa)

16. (cenare con Roberto)

17. (guardare il telegiornale)

18. (accompagnare Roberto fino al motorino)

19. (accendere la radio e rispondere alla posta elettronica)

20. (andare a letto, verso le dieci e mezza)

Esempio: *(You hear)* Giovanna si è svegliata presto: alle sei e mezza.

(You write) Giovanna si è svegliata presto: alle sei e mezza.

(You hear again—to check your sentence) Giovanna si è svegliata presto: alle sei e mezza. ✓

2. ____
3. ____
4. ____
5. ____
6. ____
7. ____
8. ____
9. ____
10. ____
11. ____
12. ____
13. ____
14. ____
15. ____
16. ____
17. ____
18. ____
19. ____
20. ____

K. Il compleanno di Giovanna: una giornata speciale! *Now listen to Giovanna describe how her daily routine was different on her birthday. FIRST listen to the passage several times. THEN, write the six (6) sentences that point out how her routine changed. Please follow the example.*

1. _Giovanna non si è alzata alle sei e mezza: si è alzata alle nove e un quarto._
2. ____
3. ____
4. ____
5. ____
6. ____

L. **La famiglia Gemma vuole aiutare.** *The members of the* Gemma *family went through the house to collect furniture and appliances to give to the Albanian immigrant family that moved in across the street, but Mrs.* Gemma *would only set aside items if they were clean. Complete the following sentences, which describe each family member's role.*

Esempio: Luca è andato in cucina, ha preso quattro bicchieri e... (LAVARE) <u>li ha lavati.</u>
(*Luca went to the kitchen, took four glasses and... washed them.*)

1.   Nicoletta è andata nella sua stanza, ha preso lo stereo e...
(SPOLVERARE)   ________________________________

2.   Il signor Gemma è andato in cucina, ha preso il frullatore e...
(PULIRE)   ________________________________

3.   Luca e Antonella sono andati sul balcone, hanno preso due vasi di
terracotta e... (LAVARE)   ________________________________

4.   La signora Gemma è andata nella sua stanza, ha preso la
radiosveglia e... (SPOLVERARE)   ________________________________

5.   I signori Gemma sono andati in sala da pranzo, hanno preso due
vecchie sedie e... (SPOLVERARE)   ________________________________

6.   Luca è andato in sala da pranzo, ha preso il carrello portavivande
e... (SPOLVERARE)   ________________________________

7.   Il signor Gemma è andato in cucina, ha preso la caffettiera e...
(PULIRE)   ________________________________

8.   I nonni sono andati in garage, hanno preso il tagliaerba e (PULIRE)
____

9.   Il nonno è andato in soggiorno, ha preso due piccoli tappeti e...
(PULIRE)   ________________________________

10.   Nicoletta e la mamma sono andate in lavanderia, hanno preso la
scarpiera e... (PULIRE)   ________________________________

continua...

M. Cruciverba. La casa.

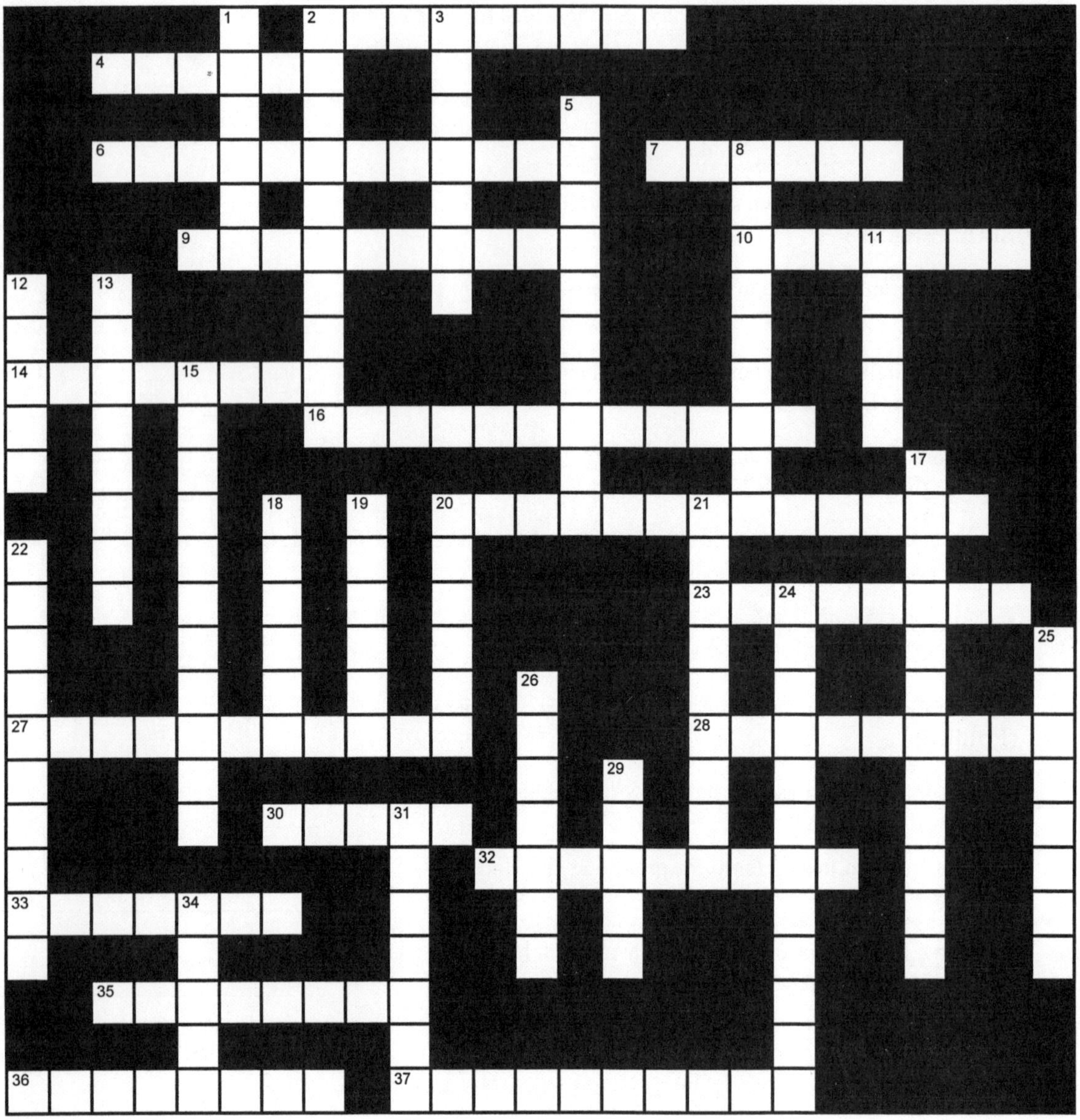

Orizzontali

2. Se (*if*) in cucina la lavastoviglie non funziona, devi lavare i piatti a mano (*by hand*), nel...

4. Se ti stai facendo la doccia, sei nella... doccia.

6. Vai in... per apparecchiare la tavola per un pranzo importante.

7. Ai quattro lati (*sides*) di una stanza ci sono le...

9. Un edificio con molti appartamenti si chiama...

10. A casa mia ci sono... in ogni (*each*) stanza: all'ingresso, in sala da pranzo, nelle camere da letto, e naturalmente in bagno.

14. Mi piace leggere e comprare libri; la mia casa sembra (*looks like*) una biblioteca: ho due o tre... in ogni stanza, perfino (*even*) in cucina!

16. Puoi risparmiare (*save*) energia elettrica se stendi i panni fuori invece di usare l'...

20. Vai in... per dormire.

23. Ho... l'erba tre giorni fa, ma è già alta dieci centimetri.

27. Se non puoi fare la spesa tutti i giorni, o se abiti lontano dai supermercati, è necessario avere, oltre al frigorifero, un...

28. La mia... è sempre in ordine: ci sono solo il computer, il *mouse* e una lampada.

30. Senza il... la pioggia e la neve entrano in casa.

32. Vai in... per sederti sul divano a guardare la T.V.

33. Se ti piace leggere prima di addormentarti, hai bisogno di (*you need*) un... sul comodino.

35. Senza le... in casa non entra luce.

36. Soffro molto di allergie, e per questo (*that's why*) ho tolto (*removed*) la... in camera da letto.

37. Durante l'estate abbiamo... le piante solo una volta alla settimana.

Verticali

1. In un monolocale, un... letto è molto utile.

2. Vai nella... per fare il bucato.

3. Per tenere in ordine il balcone serve un armadietto; in camera da letto, invece, è meglio un...

5. Un appartamento di una stanza solamente si chiama...

8. Se uno studente non abita a casa con i suoi genitori, e se non affitta un appartamento per conto suo, molto probabilmente vive in una... universitaria.

11. Senza la... sulla cucina, gli odori del cibo cucinato entrano nel resto della casa.

12. Se ti stai facendo il bagno, sei nella... da bagno.

13. Vai nello... per mettere via l'aspirapolvere.

15. Non è necessario mettere il pane nel..., ma il latte e lo yogurt sì.

17. Puoi appendere (*hang*) la giacca all'..., all'ingresso.

18. Vai in... per preparare la colazione.

19. Vai nello... per spolverare il computer e la scrivania.

20. Una casa di pietra (*stone*) in campagna (*country*) si chiama...

21. Che marca (*brand*) di... preferisci per fare il bucato: *Tide* o *Era*?

22. Per entrare in casa devi aprire la porta...

24. Fare... è un hobby molto rilassante e sano: respiri aria fresca, ti muovi, e poi hai il piacere dei fiori!

25. Vai in... per tagliare l'erba.

26. In Italia, la maggior parte delle persone stende i panni sul... .

29. Vai in... per farti la doccia.

31. I... persiani sono bellissimi sul parquet.

34. Senza le... entra troppo (*too much*) sole in casa.

Nome e cognome____Data__________________

N. Qual è la risposta corretta?

1.   —Di solito, quando ti fai la doccia?
      —...
      a.   Ieri mattina.   b.   La mattina.   c.   Sabato mattina.   d.   Domani.

2.   —Hai mai visto quella ragazza che sta parlando con il barista?
      —Sì,... vista ieri.
      a.   l'ho   b.   la   c.   l'ha   d.   ho

3.   —E il ragazzo?
      —Sì,..., è Dino, suo fratello.
      a.   la conosco   b.   lo conosco   c.   lo voglio vedere   d.   ho conosciuto

4.   —Vuoi... Carlo? Allora vieni alla festa con me stasera.
      a.   guardare   b.   conoscerla   c.   conoscere   d.   conosci

5.   —Ti va di andare a mangiare una pizza in centro?
      —Sinceramente, non... fame, e non... andare in centro.
      a.   tengo / vengo   b.   ha / voglio   c.   voglio / posso   d.   ho / voglio

6.   Giovanna, a che ora... andare a giocare a tennis?
      a.   voi   b.   vuoi   c.   voglio   d.   vai

7.   Se gli studenti non capiscono la lezione,... probabilemente studiare di più.
      a.   deve   b.   può   c.   hanno   d.   devono

8.   Oggi non puoi uscire, perché... finire di scrivere il tema.
      a.   necessario   b.   va   c.   devi   d.   posso

9.   —Chi di voi... il gelato?
      —Solo Luigi... vuole.
      a.   volete / l'   b.   vuoi / li   c.   vuole / lo   d.   vogliamo / gelato

10.   Ieri sera, Giovanna non ha... i libri per studiare, perché è... con Roberto, Bruno e Teresa.
      a.   aperto / usciti   b.   aperti / uscito   c.   aperto / uscito   d.   aperto / uscita

11.   Il professore... rimasto perplesso, perché gli studenti non... voluto rispondere alle sue domande.
      a.   ha / hanno   b.   è / sono   c.   è / abbiamo   d.   è / hanno

12.   Mia nonna prepara sempre un piatto di pasta per pranzo, ma oggi, per una ragione (*reason*) o
      un'altra, non...
      a.   l'ho preparata   b.   l'ha preparata   c.   l'ha preparato   d.   è preparata

13.   Ti piace... elegante la domenica?
      a.   metterti   b.   vestirsi   c.   i vestiti   d.   vestirti

14.   —Quando finisce il semestre, faccio sempre una breve vacanza con i miei genitori.
      —E dove... l'anno scorso?
      a.   è stata   b.   siete stati   c.   state   d.   andate

15.   Ho già fatto il regalo a mia madre. Ieri ho visto due vasi di terracotta, alti, come piacciono a lei, e... .
      a.   l'ho comprata   b.   le ho comprate   c.   mi è piaciuto   d.   li ho comprati

16. Antonella... andata in bagno,... preso il dentrifricio e... lavata i denti.
    a. è / è / si è   b. ha / è / si è   c. è / si è / si è   d. è / ha / si è

17. Se vedi un professore per strada,... saluti o nemmeno (*not even*)... guardi?
    a. ti / lo   b. ti / lui   c. ti / tu   d. lo / lo

18. —Hai finito le correzioni del tema di italiano?
    —Sì,...
    a. l'ho finita   b. le ho finite   c. li ho finiti   d. li ho fatti

19. Mi piacerebbe andare in Sardegna quest'estate, ma non... perché non ho soldi.
    a. voglio   b. mi piace   c. può   d. posso

20. Sono finalmente andata in Italia, e adesso (*now*) capisco perché la chiamano... .
    a. mia   b. la bella penisola   c. il Bel Paese   d. bellissimo

Capitolo VI: A tavola!

A. Prodotti italiani. *While you observe the map of Italy below, listen to the speaker identify all the items that form the illustration. You will hear four lists of items, grouped into four geographical areas: North, Center, South, Islands. During the first reading, listen carefully as you look at the map. During the second reading, each item will be read twice so that you can write what you hear in the grid that follows the map.*

AL NORD:

1. _La fontina._
2. ____
3. ____
4. ____
5. ____
6. ____

	7.	____
	8.	____
	9.	____
	10.	____
AL CENTRO:	1.	____
	2.	____
	3.	____
	4.	____
	5.	____
	6.	____
AL SUD:	1.	____
	2.	____
	3.	____
	4.	____
	5.	____
	6.	____
	7.	____
NELLE ISOLE:	1.	____
	2.	____
	3.	____
	4.	____

B. Prodotti tipici delle regioni italiane. *Refer once more to the food map of Italy and write BRIEF answers to the following questions.*

1. Per quali prodotti è famosa la Sardegna?

   ____

2. Che tipi di frutta sono tipici della Sicilia?

   ____

3. Che frutta arancione ricca di vitamina C si coltiva in Sicilia e in Calabria?

   ____

4. Cosa si coltiva in Puglia?

   ____

5. Per quali prodotti è famosa la Campania?

   ____

6. In quale regione possiamo trovare delle piantagioni di kiwi?

   ____

7. Quali regioni del nord offrono le condizioni climatiche ideali per la coltivazione delle pere e delle mele?

   ____

8. In quali regioni si producono salami e prosciutti speciali?

____

9. Il vino italiano proviene da quasi (*almost*) tutte le regioni d'Italia, ma in quale regione <u>in particolare</u> si producono vini rossi eccezionali?

____

10. Qual è uno dei prodotti caratteristici della riviera ligure?

____

11. Da quale regione proviene il Parmigiano Reggiano autentico?

____

12. Quale regione è particolarmente famosa per il suo formaggio pecorino[1]?

____

13. Una verdura tipica della Sardegna è il...

____

14. Il radicchio—un tipo di insalata con un sapore (*taste*) un po' amaro (*bitter*)—proviene da due regioni dell'estremo nord della penisola. Quali?

____

 **C. La piramide italiana degli alimenti.** *What would an Italian food pyramid look like? Write as many specific items as you can. List the items as they come to mind, but group them into the following categories:*

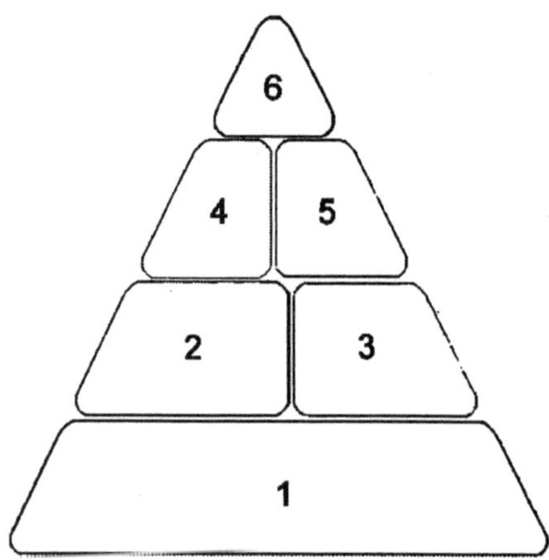

1 PANE, PASTA E CEREALI	2 VERDURE	3 FRUTTA
• le linguine	• gli asparagi	• le mele
•	•	•
•	•	•
•	•	•
•	•	•

____

[1] **Pecorino** *refers to any of the various cheeses of Italian origin made from sheep's milk. (sheep =* **pecora***).*

4 **LATTE, YOGURT E FORMAGGIO**	5 **CARNE, UOVA, POLLO, LEGUMI E FRUTTA SECCA**	6 **GRASSI E DOLCI**
• il gorgonzola	• le lenticchie	• il tiramisù
•	•	•
•	•	•
•	•	•
•	•	•

D. Al ristorante. Antonella *and* Marco *have just arrived at a restaurant. Listen to the exchanges that take place between the waiter and the two friends, then determine if the following statements are true* (**VERO**) *or false* (**FALSO**). *If they are false, explain—briefly—why. Finally, fill in the grid with the specific items that the two friends order. You may listen to the conversation as many times as you need to.*

1. Antonella e Marco sono al ristorante per cenare.

   ____

2. Antonella non vuole l'acqua liscia (*still*). Preferisce l'acqua frizzante (*sparkling*).

   ____

3. Antonella non ha molta fame perché ha fatto una colazione abbondante.

   ____

4. Marco dice che in questo ristorante si mangia bene.

   ____

5. Antonella decide di non mangiare la pasta.

   ____

6. Marco ordina gli gnocchi. [2]

   ____

7. Il cameriere propone tre vini diversi, e i due amici scelgono (*choose*) il Chianti.

   ____

8. Antonella non prende né il secondo né il contorno, e Marco ordina una porzione di verdure per tutti e due.

   ____

9. Antonella non vuole la frutta. Vuole il tiramisù.

   ____

10. Per concludere, i due amici ordinano due caffè.

    ____

---

[2] **Gnocchi** *are dumplings usually made with potato or semolina and served with sauce.*

	Primo piatto (*first course*)	Secondo piatto (*second course*)	Da bere (*to drink*)	Contorno (*side dish*)	Frutta/Dolce (*fruit/dessert*)
Antonella					
Marco					

E. Biscotti[3] croccanti (*crunchy*) **alle mandorle** (*almonds*). *How do we make* **biscotti**? *Write what needs to be done with the ingredients, using the impersonal* **si**. *Follow the examples.*

BISCOTTI CROCCANTI ALLE MANDORLE

INGREDIENTI

- 400 grammi di farina
- 200 grammi di zucchero
- 80 grammi di burro sciolto
- 100 grammi di mandorle
- 20 grammi di pinoli
- due cucchiaiate di vino rosso
- un cucchiaino scarso di bicarbonato di soda
- quattro uova (uno intero e tre tuorli)

PREPARAZIONE

1. mettere la farina in una terrina
   Si mette la farina in una terrina.

2. aggiungere (*add*) le uova, lo zucchero, il burro, il vino, il bicarbonato
   Si aggiungono le uova, lo zucchero, il burro, il vino, il bicarbonato.

3. mescolare tutto

4. aggiungere le mandorle e i pinoli

5. formare due filoncini (*logs*)

6. mettere i filoncini sulla teglia

7. cuocere al forno i filoncini per 25 minuti, a 200° C

8. tagliare (*cut*) i filoncini a forma di biscotti di un centimetro

---

[3] *The word* **biscotto** *derives from the verb* **cuocere** *(to cook).* **Cotto**—*the past participle*—*means* "cooked." *Therefore,* **biscotto** *means, literally, "cooked twice."*

9. <u>rimettere</u> in forno e <u>tostare</u> le fette da ambo le parti

10. <u>lasciare</u> raffreddare (*let cool down*) i biscotti e... <u>mangiare</u>!

F. La ricetta del mio piatto preferito. *Write your favorite recipe. First, jot down all the ingredients, then explain how to prepare them. Use the* **biscotti** *recipe as a model. Use the verbs in the impersonal* **si** *form. For a list of useful terms, consult the* **Pagine gialle**.

NOME DEL PIATTO: _______________________________________

INGREDIENTI:

- _______________________________
- _______________________________
- _______________________________
- _______________________________
- _______________________________

- _______________________________
- _______________________________
- _______________________________
- _______________________________
- _______________________________

PREPARAZIONE:

____

____

____

____

____

G. Una conversazione in cucina. *Complete the conversation between* Caterina *and* **la cuoca** *with the appropriate object pronouns. Before you start, READ THE PASSAGE THROUGH to get an idea of the content of the conversation.*

Nella cucina della trattoria "La locanda", dopo pranzo. [4]
(In the kitchen at "La locanda," a trattoria, after lunch)

Cuoca:	Hai telefonato al fruttivendolo?
Caterina:	Sì, ______ ho telefonato mezz'ora fa.
Cuoca:	Quando può portare le verdure per stasera?
Caterina:	______ può portare verso le sei.
Cuoca:	Non possiamo aspettar______! È troppo tardi se ___ porta alle sei. Le verdure devono essere pronte alle sei. Dobbiamo cominciare a preparar______ verso le cinque. Caterina, scusa, ma ______ devi telefonare di nuovo. ______ devi dire che è troppo tardi, alle sei. ... Caterina, dove hai messo le patate? ... Caterina, perché non ______ rispondi?
Caterina:	______ dispiace. Sto chiamando il fruttivendolo. Stai cercando le patate? ______ ho messe nel frigorifero.
Cuoca:	Ma chi ___ ha detto di metter______ nel frigorifero?
Caterina:	Mia madre ______ ha sempre messe in frigorifero.
Cuoca:	E chi ______ ha insegnato questo segreto della cucina? Le patate nel frigo!
Caterina:	Nessuno, veramente. E in effetti, non ______ piace cucinare.
Cuoca:	E allora chi cucina?
Caterina:	Spesso cucina mio padre, anche se non ______ piace molto mangiare a casa. Preferisce mangiare fuori, in un piccolo ristorante o in una trattoria come questa, dove il menù è diverso tutti i giorni, dove i camerieri ______ portano quello che sceglie e dove mangia sempre bene e paga poco.
Cuoca:	Allora di solito non mangiate insieme?
Caterina:	Sì, mangiamo tutti insieme al ristorante. ___ piace così, è più facile.

---

[4] *Here is a literal translation of the passage:*

Cook:	*Did you call the fruit vendor?*
Caterina:	*Yes. I gave HIM a call half an hour ago.*
Cook:	*When can he bring the vegetables for tonight?*
Caterina:	*He can bring THEM around six.*
Cook:	*We can't wait FOR HIM! It's too late if he brings THEM at six. The vegetables must be ready by six o'clock. We have to start preparing THEM at around five. Caterina, I'm sorry, but you must give HIM a call again. You must tell HIM that six o'clock is too late. ... Caterina, where did you put the potatoes? ... Caterina? Why don't you answer ME?*
Caterina:	*I'm sorry. I'm calling the fruit vendor. Are you looking for the potatoes? I put THEM in the refrigerator.*
Cook:	*But who told YOU to put THEM in the refrigerator?*
Caterina:	*My mother has always put THEM in the refrigerator.*
Cook:	*And who taught HER this kitchen secret? Potatoes in the fridge!*
Caterina:	*Nobody, actually. In fact, SHE does not like to cook.*
Cook:	*And who cooks then?*
Caterina:	*My father often cooks, although HE does not like to eat at home. He prefers to eat out, in a small restaurant, or in a trattoria, like this one, where the menu is different every day, where the waiters bring HIM what he chooses and where he always eats well and pays little.*
Cook:	*So you usually do not eat together?*
Caterina:	*Yes, we eat all together, at the restaurant. WE like it like that, it's easier.*

H. La nonna è un po' sorda (*hard of hearing*). *Giovanna is telling her grandmother what she has been doing lately. Since **la nonna** is a little hard of hearing, Giovanna has to repeat things twice. Complete the eight exchanges by filling in the blanks with the correct phrases. Note the use of the indirect object pronouns.*

1. Giovanna: Ho scritto la lettera d'invito **allo zio Luigi**.
   La nonna: Che cosa *gli hai scritto*?
   Giovanna: *Gli ho scritto* LA LETTERA D'INVITO.

2. Giovanna: Ho consegnato (*I've handed in*) il primo capitolo della tesi **al professor Soriano**.
   La nonna: Che cosa _______________________________________?
   Giovanna: _______________________ IL PRIMO CAPITOLO DELLA TESI.

3. Giovanna: Ho dato (*I've given*) le chiavi della macchina **alla mamma**.
   La nonna: Che cosa ____?
   Giovanna: _________________________ LE CHIAVI DELLA MACCHINA.

4. Giovanna: Ho mostrato (*I've shown*) il mio computer nuovo **a Roberto**, il mio ragazzo.
   La nonna: Che cosa ____?
   Giovanna: _________________________ IL MIO COMPUTER NUOVO.

5. Giovanna: Ho mandato (*I've sent*) 10 messaggi per posta elettronica **ai cugini di Palermo**.
   La nonna: Che cosa ____?
   Giovanna: _________________________________ DIECI MESSAGGI.

6. Giovanna: Ho presentato (*I've introduced*) Roberto **alla zia Gina e alla zia Ivana**.
   La nonna: Chi ____?
   Giovanna: ____ ROBERTO.

7. Giovanna: Ho prestato (*I've lent*) la bicicletta **alla signora De Vito, la vicina di casa**.
   La nonna: Che cosa ____?
   Giovanna: _________________________________ LA BICICLETTA.

8. Giovanna: Ho restituito (*I've returned*) la tovaglia di lino (*linen tablecloth*) **a te, nonna**, oggi.
   La nonna: Che cosa ____?
   Giovanna: _________________________ LA TOVAGLIA DI LINO.

I. Elena e i regali di Natale (*Christmas*). *Elena Cecchetti goes over the list of Christmas gifts she intends to get for the various members of her extended family. Read the example, then complete the sentences.*

Persona		**Regalo**
1. La mamma:	*Voglio comprarle...*	un portaritratti (*picture frame*).
2. Il papà:	_________________________	una cravatta di seta (*silk tie*).
3. Maurizio, mio fratello:	_________________________	una radiosveglia.
4. Alicia e Carmen:	_________________________	una carta da lettere.
5. Marianna e Carlito:	_________________________	un orologio per bambini...
6. La zia Lucia:	_________________________	un vaso di terracotta .

7. Lo zio Antonio: _______________________________ un libro di cucina messicana.

8. Jorge e Carmen: _______________________________ 12 piattini per il pane.

 **J. Cruciverba.**

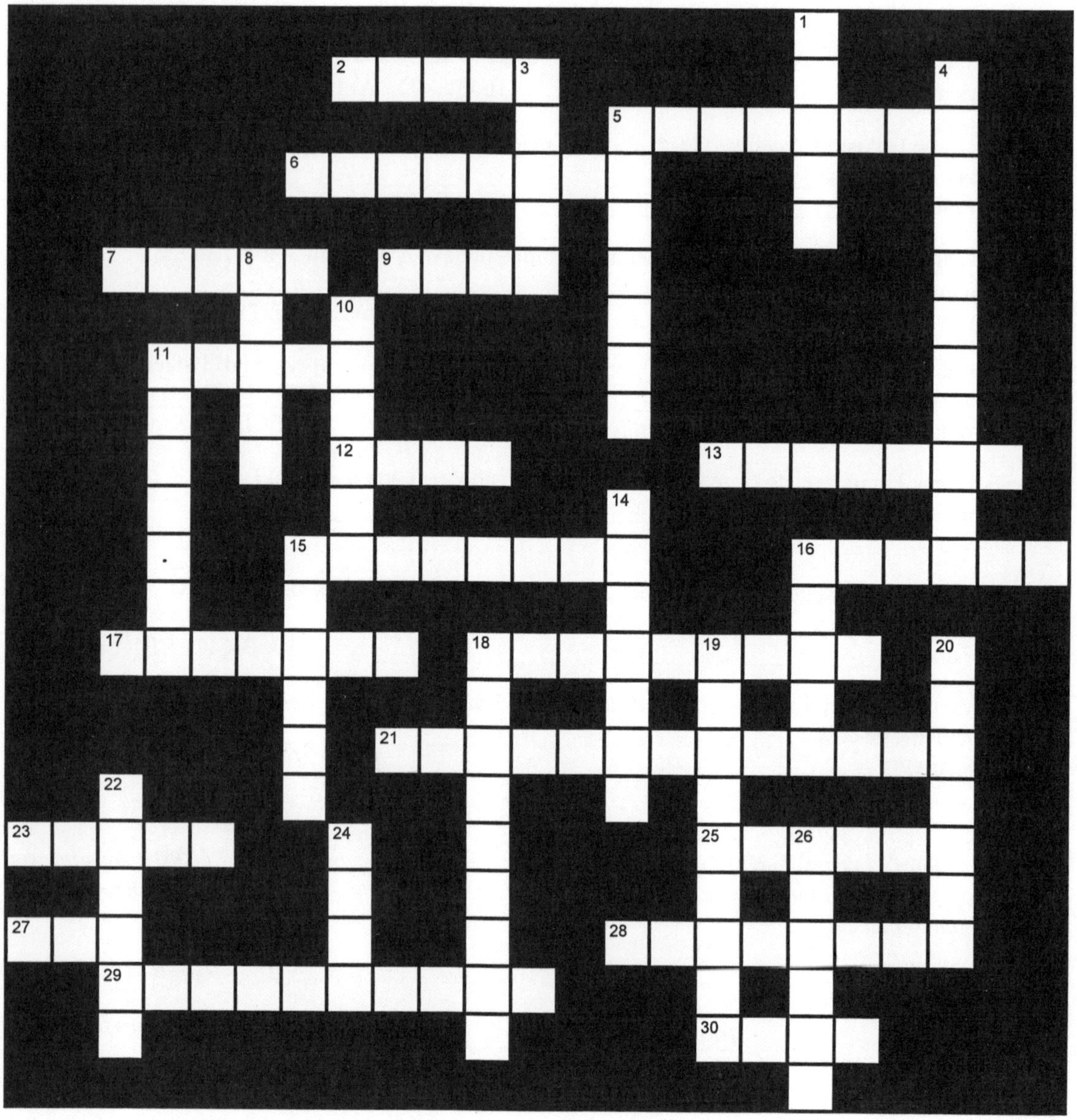

Orizzontali

2. Il colore dei lamponi (*raspberries*).

5. Se voglio mangiare una pizza, vado in una... .

6. Ortaggio verde scuro senza molto sapore (*flavor*); nella cucina italiana si prepara spesso alla griglia, o al forno, o come condimento per la pasta; nella cucina statunitense è diventato (*has become*) l'ingrediente caratteristico di un tipo di pane dolce.

7. Per preparare il tiramisù, devi bagnare i biscotti savoiardi nel... .

9. Frutta offerta alla maestra in segno di gratitudine.

11. Ristorante speciale per gli studenti.

12. Gli studenti rispondono... professoressa.

13. Alla fine della cottura, devi togliere la pasta dall'acqua, cioè la devi... .

15. Per la macedonia, devi... la frutta a pezzetti.

16. Se ti piace fare giardinaggio, vai spesso in un... per comprare piante stagionali (*seasonal*) o alberi molto giovani.

17. Oggetto della cucina necessario per bollire (*boil*) l'acqua per la pasta.

18. Prima di portare il pane a tavola, lo devi... .

21. Se devi comprare un paio di *jeans*, vai in un negozio di... .

23. Un ortaggio color arancione, ricco di vitamina A e C; nella cucina statunitense è tra gli ingredienti di una torta.

25. Oggetto della cucina necessario per cucinare nel forno.

27. Per prendere un cappuccino e un cornetto (*croissant*) si va in un... .

28. Le aspirine si comprano in... .

29. Un posto che vende solo panini si chiama... .

30. Il professore insegna l'italiano... studenti.

Verticali

1. È dolce, ma non è lo zucchero. Lo producono le api.

3. È un frutto piccolo, che contiene grassi sani e salubri in abbondanza; si raccoglie a novembre, poi si spreme per fare l'olio che si usa in tutto il bacino del Mediterraneo.

4. Paste, torte, biscotti e dolci si comprano in una... .

5. Recipiente che serve per friggere (*fry*).

8. A molti italiani piace molto questo alimento naturale che, in autunno, cresce nei boschi (*woods*) quando esiste un certo livello di umidità dopo la pioggia.

10. Questo tubero ricco di amido, contrariamente alla sua fama, fa ingrassare solo se si mangia fritto o col burro; contiene minerali importanti ed è di alto valore nutritivo.

11. Il colore delle lenticchie.

14. Alimento tipico per la colazione negli Stati Uniti; si mette in un piatto direttamente dalla scatola (*box*) e si mangia con il latte.

15. La parte gialla dell'uovo.

16. Il colore dei fagiolini.

18. Frutta giallo-arancione che rassomiglia alla pesca (ma è un po' più piccola) e che è poco apprezzata negli Stati Uniti.

19. Un ristorante informale, a conduzione familiare, si chiama... .

20. Se vuoi una vasta selezione di vini di tutti i tipi e di tutti i paesi, devi andare in una ... .

22. Se hai bisogno di un paio di stivali, vai in un negozio di... .

24. Il contorno che non manca mai in un pasto cinese, giapponese, vietnamita, tailandese... .

26. Il colore del limone.

K. Qual è la risposta corretta?

1. —Perché non vieni in vacanza con noi?
    —Mi dispiace, ma non..., devo studiare per gli esami di fine semestre.
    a. può　　　　　b. voglio　　　　　c. voi　　　　　d. posso

2. —Dove hai messo il salame?
    —L'ho... in frigorifero.
    a. metto　　　　　b. messe　　　　　c. mosso　　　　　d. messo

3. —Dove hai comprato la mozzarella?
    —...
    a. L'ho comprato al　b. L'ho comprata.　c. L'ho comprato.　d. L'ho comprata al
        supermercato.　　　　　　　　　　　　　　　　　　　　supermercato.

4. —Dove hai steso i panni?
    —...
    a. Dove sono stese.　b. Gli stessi panni.　c. L'ho steso in　d. Li ho stesi sul
        　　　　　　　　　　　　　　　　　　　　lavanderia sullo　　balcone.
        　　　　　　　　　　　　　　　　　　　　stendino.

5. —Quando hai... di andare a studiare in Brasile?
    —L'anno scorso, quando ho... un documentario sulla foresta amazzonica.
    a. decisa / visto　b. dici / vissuto　c. deciso / voluto　d. deciso / visto

6. So che Giovanna è la ragazza di Roberto, ma non... ho mai (*never*) visti uscire insieme (*together*).
    a. gli　　　　　b. le　　　　　c. si　　　　　d. li

7. L'entrata di una casa o un appartamento è... .
    a. il gesso　　　　　b. il casale　　　　　c. l'ingresso　　　　　d. il salotto

8. L'elettrodomestico che serve per cuocere una buona pizza è... .
    a. il forno　　　　　b. il forno a　　　　　c. la cucina　　　　　d. la cassapanca
    　　　　　　　　　　　microonde

9. L'elettrodomestico che serve per lavare i piatti è... .
    a. la lavatrice　　　　　b. la lavastoviglie　　　　　c. la lavanderia　　　　　d. il lavandino

10. L'elettrodomestico che serve per pulire i tappeti o la *moquette* è... .
    a. la cappa　　　　　b. lo spolverare　　　　　c. l'aspirapolvere　　　　　d. l'aspiratore
        aspirante

11. I libri per i corsi si possono... in una delle tre librerie della città.
   a. acquisto   b. acquistare   c. acquistano   d. acquisti

12. Prima di mangiarli, i biscotti... raffreddare.
   a. li lascia   b. lasciano   c. si lasciano   d. si mangiano

13. Mio fratello ha gusti particolari; per esempio, non... i biscotti al cioccolato.
   a. si piace   b. gli piace   c. gli piacciono   d. vuole

14. A mia sorella... il gelato alla crema, ma a me sì.
   a. non le piace   b. non si piace   c. non piace   d. le piace

15. —Cosa ti ha detto il professore del tuo voto?
   —Niente, non... ho ancora parlato.
   a. la   b. le   c. gli   d. lei

16. —Quando è stata l'ultima volta che hai telefonato a tua nonna?
   —... ho telefonato poco tempo fa, forse martedì scorso.
   a. La   b. Le   c. Gli   d. L'

17. —Vuoi usare il mio asciugacapelli? Mi dispiace, ...ho prestato a Margherita.
   —... devi chiedere di restituirlo il più presto possibile.
   a. l' / Le   b. li / Lo   c. lo / La   d. mi / Ti

18. Luigi è fortunato. I suoi genitori ... danno tutto: soldi, motorino, vestiti e regali di ogni tipo.
   a. lo   b. li   c. gli   d. loro

19. Ieri abbiamo... il nuovo professore di storia dell'arte. ... piace molto il suo programma.
   a. saputo / Ci   b. conosciuto / Gli   c. vissuto / Ci   d. conosciuto / Ci

20. —A chi consegnamo il tema?
   —... consegnate all'assistente del professore.
   a. Lo   b. Gli   c. La   d. Vi

Capitolo VII: Le esperienze del passato

A. Il tempo imperfetto. *Conjugate the following verbs in the imperfect tense.*

Alzarsi *(to get up)*

io	noi
tu	voi
lei, lui, Lei	loro, Loro

Fare *(to do / to make)*

io	noi
tu	voi
lei, lui, Lei	loro, Loro

Divertirsi *(to have fun)*

io	noi
tu	voi
lei, lui, Lei	loro, Loro

B. La scuola elementare: domande personali. *Answer the following personal questions truthfully, in COMPLETE SENTENCES.*

1. Quanti anni avevi quando hai cominciato le elementari?

2. Dove abitavi?

3. Con chi vivevi?

4. Come si chiamava la tua scuola?

5. A che ora cominciavano è a che ora terminavano le lezioni?

6. Andavi a scuola dal lunedì al venerdì o dal lunedì al sabato?

____

____

7. Ti accompagnava qualcuno (*anybody*) o andavi da solo/a? Se andavi da solo/a, come ci arrivavi? A piedi, in autobus, in bicicletta?

____

____

8. Dove pranzavi di solito?

____

____

9. Cosa facevi di solito nel pomeriggio? Ricordi un paio di attività che ti piaceva fare?

____

____

10. A che ora andavi a letto la sera? E a che ora ti svegliavi la mattina?

____

____

C. Le esperienze di Giovanna (prima parte). *As you listen to what Giovanna says about her school years, read along and fill in the blanks with the words that are missing.*

Abito a Bari da due anni perché frequento l'università qui, ma in realtà sono del nord, _____ Modena, _____ Emilia Romagna. Sono nata a Modena e lì ho fatto le elementari, le _____________ e le superiori. La scuola elementare e la scuola media _____________ vicino a casa mia, e così ci arrivavo sempre a piedi.

Quando andavo alle elementari _____________ sempre qualcuno (*somebody*) che mi accompagnava e che mi veniva a prendere. Di solito mi _____________________ mia madre, ma spesso anche la nostra vicina di casa (*neighbor*), la signora Mannino, che era la mamma di Caterina, la mia _____________ di banco (*desk*). Il sabato, a volte, veniva a prendermi mio padre: lui durante la settimana non _______________ perché era sempre in viaggio per lavoro.

Alle medie _____________ da casa a scuola da sola, ma poi _____________ con tre o quattro compagne di classe, quelle che _____________ vicino a casa mia. Le lezioni cominciavano la mattina alle otto e mezza; io _______________ di casa alle otto e un quarto, e di solito _______________ in orario. Al ritorno, però, le cose cambiavano, perché io e le mie amiche ___________________________ lentamente, mentre chiacchieravamo o _______________ programmi per il pomeriggio. Uscivamo da scuola alle dodici e mezza, e a volte ___________________ a casa dopo un'ora! Nel pomeriggio di solito ci vedevamo per fare i _______________ insieme, oppure ci riunivamo dopo i compiti, per fare merenda, o _______________ la radio, o semplicemente per parlare delle nostre cose (*things*).

    Quando ho cominciato le superiori la mia vita (*life*) ___________________, perché la scuola era un po' distante da casa mia, e così ___________________ ad usare i mezzi di trasporto _______________. Per fortuna la fermata era vicina a casa e il viaggio durava (*lasted*) solo un quarto d'ora... se _______________ traffico. Se c'era traffico poteva durare anche mezz'ora. All'inizio prendere l'autobus mi stancava (*tired me out*), ma poi ___________________ i nuovi compagni di scuola, e molti di loro abitavano dalle mie parti, così prendevamo _______________ insieme. Allora il tempo volava, perché ci divertivamo _______________ lungo il tragitto (*on the way*).

_______________ da scuola all'una e mezza, e ___________________ a casa verso le due e mezza. Pranzavo, _______________ un po', e poi facevo i compiti. Durante la settimana uscivo solo per andare in _______________, perché avevo sempre un sacco di[1] compiti da fare, ma il sabato e la domenica ___________________ con i miei amici: o andavamo al cinema, o semplicemente ___________________ e andavamo in giro per la città. Modena è una _______________ molto bella, e inoltre offre molte possibilità per _______________ nel tempo libero!

D. **Le esperienze di Giovanna (seconda parte). Vero o falso?** *Listen to the statements and decide whether they are true or false. Write* **VERO** *or* **FALSO** *in the appropriate spaces. If the statements are false, indicate why in CONCISE SENTENCES.*

Esempio:	*You hear:*	Giovanna abita a Bari.
	You write:	<u>Vero.</u>
		or
	You hear:	Giovanna abita a Roma.
	You write:	<u>Falso. Abita a Bari.</u>

1. ____

2. ____

3. ____

[1] **Un sacco di** *(lit., "a sack of")* corresponds to the English expression "a lot of."

4. ____

5. ____

6. ____

7. ____

8. ____

9. ____

10. ____

11. ____

12. ____

E. Risposte corrette. *You will now hear the correct answers to the 12 statements in the previous exercise. Each answer will be read twice so that you can self-correct your work.*

F. Le esperienze di Giovanna (terza parte). *Answer the questions in complete sentences. Before you write each answer, indicate where you found the information in the text by <u>underlining</u> the corresponding words.*

1. Perché Giovanna abita a Bari?

____

2. Di dov'è Giovanna?

____

3. Quando era piccola, e andava alle scuole elementari e medie, come ci arrivava?

____

4. Chi erano le due persone che di solito l'accompagnavano alla scuola elementare?

____

5. Chi era Caterina?

____

6. A che ora usciva di casa Giovanna quando era alle medie?

____

7. Cosa facevano nel pomeriggio Giovanna e le sue compagne della scuola media?

____

8. Quando era alle superiori, a Giovanna piaceva prendere l'autobus?

____

9. Verso che ora pranzava Giovanna quando andava alle superiori?

____

10. Cosa facevano Giovanna e i suoi amici durante il fine settimana?

____

G. Passato e presente (prima parte). *In the following diagram you will find information about* Adelina, Fabrizio, Benedetta *and* Dario. *Read the diagram and write three paragraphs, following the model below. Notice the use of the* **imperfetto** *for general descriptions in the past, and the use of the* **passato prossimo** *when telling what happened at a specific time in the past. Then, write the English equivalent of each paragraph.*

> Adelina fa <u>la psicologa.</u> Quando andava alle superiori voleva diventare <u>maestra</u>, perché <u>le piacevano i bambini piccoli.</u> In generale, era <u>timida</u>, eccetto <u>quando parlava di musica rock.</u> Quello che (*what she*) detestava era <u>coniugare i verbi latini</u>, anche se, una volta, <u>ha scritto una poesia in latino</u> e la professoressa l'ha fatta pubblicare sul giornale della scuola. [2]

	ADELINA	**FABRIZIO**	**BENEDETTA**	**DARIO**
Che lavoro fanno oggi?	psicologa infantile	assistente alla facoltà[3] di zoologia	controllore di volo all'Alitalia	insegnante di storia dell'arte in un liceo scientifico
Cosa volevano diventare (*become*) quando erano alle superiori?	maestra	veterinario	pilota	restauratore
Perché volevano diventare …?	le piacevano i bambini piccoli	gli piacevano tanto gli animali	adorava guidare aeroplani	l'arte era la sua materia preferita
Com'erano quando erano adolescenti?	timida	silenzioso	seria	nervoso
Che passioni avevano?	la musica rock	l'astronomia	il calcio	i monumenti antichi
Cosa detestavano?	coniugare i verbi latini	parlare davanti a tutti, in classe	studiare filosofia	fare i compiti
Un ricordo particolare…	ha scritto una poesia in latino	ha portato il suo telescopio a lezione	si è addormentata durante una prova scritta	è caduto (*fell off*) dal banco

[2] "Adelina *is a psychologist. When she was in high school she wanted to become an elementary school teacher because she liked young children. Generally speaking, she was shy, except when she talked about rock music. What she hated was to conjugate Latin verbs, even though, one time, she wrote a poem in Latin, and the teacher had it published in the school newspaper.*"
[3] *Remember that* **facoltà**, *in this context, refers to a university department.*

Nome e cognome____Data______________________

Fabrizio fa ____. Quando andava alle superiori voleva diventare

______________________ perché ______________________________. In generale, era

______________________eccetto ______________________________________

______________________. Quello che (*what*) detestava era ______________________

______________________ anche se, una volta, ______________________________

______________________ e ha parlato per quasi mezz'ora. Il professore di scienze è

stato contentissimo—per lui, e per il resto della classe.

In inglese: *Fabrizio* ____

____

____

____

____

____

____

Benedetta fa ____. Quando era alle

superiori voleva diventare ______________________________ perché ______________________

______________________________. In generale, era ______________________________

eccetto ______________________________________. Quello che detestava era

______________________________. Una volta, ______________________________

______________________________ e ricorda che si è sentita

molto imbarazzata.

In inglese: *Benedetta* ____

____

____

____

____

____

____

Dario fa ____. Quando andava alle

superiori voleva diventare ______________________________ perché ______________________

______________________________. In generale, era ______________________________,

eccetto ______________________________________. Quello che

detestava era______________________________, anche se alla fine li faceva sempre ed era

bravissimo. Una volta—nessuno (*nobody*) sa come—______________________________.

Dopo qualche secondo di silenzio, tutti sono scoppiati a ridere (*burst out laughing*).

Nome e cognome____Data__________________

In inglese: *Dario*____

____

____

____

____

____

H.   Passato e presente (seconda parte). *Now you will hear the three passages in Italian. We suggest you listen to each passage twice. During the first listening, review what you wrote in Italian. During the second listening, read along in the English translations that you just wrote.*

I.   Imperfetto *versus* passato remoto. *As you re-read the passage about Maria Montessori that appears in your textbook, underline the verbs in the **passato remoto** in a colored pen or pencil, and the ones in the **imperfetto** in a different color pen or pencil. Then write the verbs in the appropriate spaces below in the order that you encounter them. Follow the example.*

PASSATO REMOTO			**IMPERFETTO**	
1. nascere (*to be born*)	nacque		1. avere (*to have*)	
2. trasferirsi (*to move*)			2. esserci (*to be there*)	
3. trascorrere (*to spend*)			3. basarsi (*to be based*)	
4. iscriversi (*to enroll*)				
5. frequentare (*to attend*)				
6. diventare (*to become*)				
7. lavorare (*to work*)				
8. scoprire (*to discover*)				
9. cominciare (*to begin*)				
10. ottenere (*to obtain*)				
11. essere (*to be*)				
12. osservare (*to observe*)				
13. studiare (*to study*)				
14. ideare (*to conceive*)				
15. essere (*to be*)				
16. dare (*to give*)				
17. viaggiare (*to travel*)				
18. vivere (*to live*)				
19. avere (*to have*)				
20. presentare (*to introduce*)				
21. morire (*to die*)				

J.   Un'intervista immaginaria a Maria Montessori (Chiaravalle 1870–Noordwijk 1952).
Imagine you are interviewing the elderly Maria Montessori. *According to the information gathered from the reading on page 209 of your textbook, how do you think she would have answered the following questions? Create complete sentences.*

1.   Dottoressa, dov'è nata Lei?

____

2.   Dove ha frequentato le scuole?

____

3.   I Suoi genitori furono contenti della Sua scelta di iscriversi all'università?

____

4.   Quanti anni aveva quando si è laureata (*graduated*)?

____

5.   Lei ha lavorato con i bambini dall'inizio della Sua carriera, o li ha "scoperti" (*discovered*) più tardi?

____

6.   Su (*On*) cosa si basa la Sua ricerca, dottoressa?

____

7.   Il Suo metodo pedagogico è simile ai modi di insegnamento tradizionali?

____

8.   Può darmi un esempio di alcuni concetti astratti che i bambini sperimentano nei centri Montessori?

____

9.   In che anno fu fondata la prima *Casa dei bambini*?

____

10.   Dottoressa, Lei ha viaggiato molto all'estero. Come fu ricevuta negli Stati Uniti?

____

continua...

 **K. Gianni e Stefano sono andati a sciare.** *Stefano talks about what he and his friend Gianni did last weekend. Complete the passage with the right form of the* **imperfetto** *or the* **passato prossimo**.

Gianni e Ilaria (1. LASCIARSI = *to break up*) ________________

________________ due settimane fa (*ago*). Per questo motivo, io e lui,

giovedì scorso, (2. DECIDERE) ________________ di andare a sciare.

(3. PARTIRE) ________________ da Milano alle sette e mezza di

mattina, e (4. ARRIVARE) ________________ a Bormio, in

provincia di Sondrio, verso le nove. (5. FARE COLAZIONE)

________________ in un bellissimo bar[4] al centro del

paese, e alle dieci e un quarto (6. ESSERE—noi) ________________ pronti (*ready*) per

cominciare a sciare.

La neve (7. SEMBRARE) ________________ perfetta, e siccome (8. ESSERE)

________________ relativamente presto (*early*), non (9. ESSERCI) ________________

molti sciatori sulle piste. Gianni ed io (10. FARE) ________________ cinque

discese, una dopo l'altra, senza riposarci, ma prima di andare su per la sesta (*sixth*) volta, Gianni mi

(11. DIRE) ________________ che (12. SENTIRSI) ________________

stanco. Allora, (13. ANDARE—noi) ________________ in un rifugio

per riposarci un po' e per prendere qualcosa da bere. E Gianni:

—Mentre tu ordini, io vado a comprare il giornale, al piano di sopra (*upstairs*), va bene?

—D'accordo! —gli ho risposto—Ci vediamo fuori, a uno dei tavolini.

Dopo dieci minuti, però, (14. ESSERE—io) ________________ ancora lì da

solo, ad aspettare, e così (15. RIENTRARE) ________________ al rifugio per

vedere cosa stava facendo Gianni.

—Gianni! Allora? Cosa stai facendo? Io ti stavo aspettando fuori! Evidentemente, e

chissà (*who knows*) perché, Gianni non (16. VOLERE) ________________ più sciare.

—Dai, Gianni, torniamo a sciare, basta (*enough*) con il giornale!

—No, aspetta, Stefano. Sto cercando la nuova pubblicità della FIAT, perché sicuramente

c'è la foto di Ilaria. Guarda! Eccola (*here she is*)!

Allora, naturalmente, (17. CAPIRE) ________________ tutto. Gianni è

ancora innamorato di Ilaria.

[4] *Remember that in Italian,* **bar** *means "coffee shop."*

 **L. Qual è la risposta corretta?**

1. Mia madre ha un bel carattere: ha molta pazienza e… raramente.
   a. si spazzola   b. si allenava   c. si arrabbia   d. si annoiava

2. Io e Giovanna, alle elementari,… grandi amici.
   a. ero   b. erano   c. eravamo   d. andavamo

3. Da piccola, non… aiutare (*help*) a lavare i piatti dopo pranzo perché volevo tornare subito a giocare.
   a. voleva   b. piacevo   c. mi piacevano   d. mi piaceva

4. Quali faccende domestiche… fare voi da piccoli?
   a. doveva   b. volevi   c. volevano   d. dovevate

5. Quando… le medie, come… a scuola, in bicicletta o a piedi?
   a. sei / arrivi   b. eri / arrivi   c. eri / arrivavi   d. eravate / arrivate

6. —Marco, quando eri piccolo dovevi lavare i piatti dopo cena?
   —No,… la lavastoviglie.
   a. ho   b. ho avuto   c. avevi   d. c'era

7. Ricordo che quando mia nonna viveva con noi… il bucato il sabato mattina—ma solo quando non pioveva, perché… i panni fuori, sul balcone.
   a. fava / stese   b. faceva / ha steso   c. faceva / ha steso   d. faceva / stendeva

8. Quando ero piccola, non mi… i broccoli e non… mai.
   a. piaceva / mangiava   b. piacevo / li mangiavo   c. piacevano / li mangiavo   d. piacevano / li mangiavano

9. Stavo lavorando al computer quando… via la luce.
   a. è andata   b. sono andato   c. è andato   d. andavo

10. Ieri sera, dopo cena, mentre io leggevo il giornale, il resto della famiglia giocava a carte; poi, verso le dieci,… tutti a prendere un gelato.
    a. sono andato   b. siete andati   c. sono andate   d. siamo andati

11. Ieri sera, quando sono rientrata,… tutta la casa in disordine perché il gatto stava cercando disperatamente qualcosa (*something*) da mangiare.
    a. ho trovato   b. trovavo   c. stavo trovando   d. vedevo

12. Ieri dopo pranzo, proprio quando mi stavo lavando i denti, l'idraulico (*the plumber*)… l'acqua in cantina.
    a. ha chiuso   b. chiuse   c. ha chiusa   d. chiudeva

13. Stavamo tornando a casa a piedi dopo avere fatto spese in centro, quando… un temporale e siamo arrivati tutti bagnati.
    a. scoppiava   b. è scoppiato   c. è finito   d. finiva

14. Sicuramente i tuoi nonni ricordano ancora dov'… quando il presidente John F. Kennedy è stato assassinato.
    a. sono stati   b. è stato   c. eri   d. erano

15. —Come cominciano le fiabe?
    —...
    a. C'era una volta...
    b. Ora cominciamo...
    c. C'eravamo amati...
    d. C'era un lupo...

16. —Quanti anni... quando hai imparato a nuotare?
    —... otto anni.
    a. hai / Avevo
    b. aveva / Avevo
    c. hai avuto / Ho avuto
    d. avevi / Avevo

17. Carlo Collodi era... di Carlo Lorenzini, autore di *Pinocchio*.
    a. il padre
    b. il cognome
    c. lo pseudonimo
    d. il capolavoro

18. In Italia, i genitori che lavorano possono lasciare i loro bambini...
    a. all'asilo
    b. nido
    c. i nonni
    d. l'infanzia

19. "Montessori" è il cognome di una famosa... italiana.
    a. professoressa
    b. pedagoga
    c. infermiera
    d. signora

20. Dopo la scuola materna, i bambini italiani frequantano la scuola...
    a. media
    b. paterna
    c. elementare
    d. infantile

Capitolo VIII: I viaggi e le vacanze

 **A. Cruciverba. La macchina.**

Orizzontali

2. Sono accesi (*on*) quando si guida di notte. (4)

5. Un vecchio proverbio dice: "Donna al..., pericolo costante". E c'è la rima. (7)

6. Questo veicolo è adatto a trasportare grandi quantità di merci (*goods*) pesanti (*heavy*) e voluminose. (6)

7. Servono per fermare la macchina. (5)

11. Per aprire lo sportello la afferri (*grab*). (8)

12. Questo specchietto serve per vedere chi ci segue. (11)

13. Il tipo di macchina ideale per chi vuole guidare in montagna, dove le strade (*roads*) sono strette (*narrow*), ripide (*steep*) e non-asfaltate. (11)

15. Si apre per salire in macchina. (9)

16. In molte macchine statunitensi è automatico. (6)

17. Sotto (*underneath*) c'è il motore. (6)

Verticali

1. Dove si mettono le valige. (10)

3. In una macchina sono quattro, ma in un camion possono essere anche (*even*) diciotto. (5)

4. Puliscono il parabrezza quando piove. (14)

8. Proteggono la macchina dalle piccole ammaccature (*dents*). (8)

9. Insieme allo specchietto retrovisore, questo specchietto serve per eliminare il cosiddetto "angolo cieco (*blind*)". (8)

10. Dove si mette la benzina. (9)

11. Il "cuore" (*heart*) della macchina. (6)

14. La Ferrari è una macchina di questo tipo. (8)

B. Cruciverba. L'aereo e i viaggi.

Orizzontali

8. Prima del decollo, l'assistente di volo controlla se le... di sicurezza sono allacciate (*fastened*). (7)

10. Mezzo di trasporto sotterraneo (*underground*). C'è nella maggior parte delle grandi città del mondo. (13)

11. Rassomiglia a una nave ma è molto più veloce e sembra volare sull'acqua. (8)

14. Quando si viaggia in aereo, si può avere un posto vicino al finestrino, uno in mezzo a due persone, o uno sul... .(9)

15. Hai paura di andare da Roma a New York in aereo? Puoi prendere il... , ma il viaggio dura molto di più. (14)

Verticali

1. L'impiegato al banco di accettazione ti dice il numero della..., te lo scrive e, se lo dimentichi, lo puoi verificare sui vari monitor in aeroporto. Si chiama anche "uscita". (13)

2. Dalla penisola italiana, si può arrivare in Sardegna in aereo o in... . (9)

3. Contrario di "decollo". (11)

4. Se vai all'estero (*abroad*), hai bisogno del..., perché la patente (*driver's licence*) o la carta d'identità non sono sufficienti. (10)

5. Sull'aereo, prima di sedersi, i passeggeri sistemano il bagaglio a... . (4)

6. Persona che guida l'aereo. (6)

7. Da Venezia a New York City non esiste un volo diretto; si fa... a Roma. (5)

9. Per esempio: Alitalia, Air France, Lufthansa, Delta... (10)

12. Contrario di "partenza". (6)

13. Davanti al check-in, i passeggeri fanno la... e aspettano il loro turno per consegnare le valige grandi e per ritirare la carta d'imbarco. (4)

C. I viaggi: domande personali. *Answer the following questions in COMPLETE SENTENCES.*

1. Hai mai (*ever*) fatto un viaggio in un luogo molto freddo? Dove? Ti è piaciuto? Perché?

____

____

2. Cosa ti piace fare quando fa freddo?

____

____

3. Hai mai fatto un viaggio in un luogo molto umido? Dove? Ti è piaciuto? Perché?

____

____

4. Hai mai fatto un viaggio in un luogo molto caldo? Dove? Ti è piaciuto? Perché?

____

____

5.   Cosa ti piace fare quando fa molto caldo?

____

____

6.   Hai mai guidato su una strada con molta nebbia (*fog*)? Hai avuto paura?

____

____

7.   Hai mai fatto un viaggio in aereo con la turbolenza? Dove stavi andando? Hai avuto paura?

____

____

8.   Hai mai preso una multa (*ticket*)? Se sì, perché? Mancato rispetto dei limiti di velocità? Guida pericolosa (*reckless*)? Luci difettose? Parcheggio in sosta vietata (*in a no-parking zone*)? Guida in stato di ebbrezza (*intoxication*)? Sei passato/a con il rosso (*red light*)?

____

____

D.   **Un po' di geografia. L'Italia: regioni e capoluoghi di regione.** *As you listen to the speaker talk about Italy, read along and fill in the blanks with the words that are missing.*

L'Italia è una _______________ a forma di stivale situata nell'Europa meridionale. Il territorio italiano _______________ un'area approssimativamente uguale a quella dell'Arizona. L'Italia _______________ a nord con la Svizzera e l'Austria, a nord-ovest con la _______________, e a nord-est con la Slovenia. Tutt'intorno (*all around*) ___________ il Mar Mediterraneo.

Politicamente, l'Italia è _______________ in 20 regioni. Ogni regione d'Italia ha un capoluogo. Il _______________ è la città più importante della regione. Per esempio, _______________ è il capoluogo della Lombardia, _______________ è il capoluogo della Toscana e _______________ è il capoluogo del Veneto. _______________ è il capoluogo del Lazio e anche (*also*) la capitale d'Italia.

Geograficamente, l'Italia è divisa in quattro parti: il Nord, il _______________, il Sud e le isole. Le regioni del nord sono _______________, e otto sono anche i _______________ di regione:

(1) il capoluogo della _______________________________ è _______________________________,

(2) il capoluogo del _______________________________ è _______________________________,

(3) il capoluogo della _______________________________ è _______________________________,

(4) il capoluogo della _______________________ è _______________________,

(5) il capoluogo del _______________________ è _______________________,

(6) il capoluogo del _______________________ è _______________________,

(7) il capoluogo del _______________________ è _______________________,

(8) il capoluogo dell' _______________________ è _______________________.

Le regioni del centro sono _______________:

(1) il capoluogo della _______________________ è _______________________,

(2) il capoluogo dell' _______________________ è _______________________,

(3) il capoluogo delle _______________________ è _______________________,

(4) il capoluogo del _______________________ è _______________________,

(5) il capoluogo dell' _______________________ è _______________________,

(6) il capoluogo del _______________________ è _______________________.

Le regioni del sud sono _______________:

(1) il capoluogo della _______________________ è _______________________,

(2) il capoluogo della _______________________ è _______________________,

(3) il capoluogo della _______________________ è _______________________,

(4) il capoluogo della _______________________ è _______________________.

Le isole maggiori sono _______________:

(1) il capoluogo della _______________________ è _______________________,

(2) il capoluogo della _______________________ è _______________________.

   **E. Lettura. Un grande viaggiatore italiano: Marco Polo (Venezia 1254–1324).** *As you listen to the speaker read the passage about Marco Polo—the most famous Westerner who traveled the Silk Road—read along and fill in the blanks with the missing words.*

Marco Polo nacque a _________________ nel 1254. Suo padre, Niccolò Polo, era un _________________ ricco e famoso, che aveva attive relazioni commerciali in Estremo Oriente, e che per questo motivo _____________ spesso lontano da Venezia. Di sua madre non si sa _________________, eccetto che si prese cura di Marco da sola, e che morì (*died*) quando il ragazzo aveva quindici anni.

L'epoca di Marco Polo fu un periodo di grandi cambiamenti (*changes*) storici. L'Europa _________________ dal Medio Evo (*Middle Ages*) e —grazie al commercio— si apriva gradualmente al _________________ con le culture internazionali. Il territorio veneziano, a quel tempo, _________ _________ limitato all'area attuale, ma si estendeva fino alle coste orientali del Mare Adriatico (l'odierna _____________). Venezia, grazie alla sua posizione strategica, era la principale _________________ fra Oriente e Occidente. I mercanti _________________ dall'Occidente prodotti quali (*such as*) il rame (*copper*), il ferro (*iron*), il pesce, il legname (*wood*) e il sale; simultaneamente, _________________ dall'Oriente tessuti —come la seta (*silk*), il cotone e il lino—, sostanze coloranti —per esempio la porpora— , e vari prodotti commestibili, come il vino, l'olio e le _________________.

Nel 1271, all'età di diciassette anni, Marco Polo partì per il _____________ (così si chiamava la Cina allora) con il padre e lo zio Maffeo —fratello di suo padre e anche lui mercante. I tre _________________ attraversarono la penisola dell'Asia Minore, l'Armenia, il Caucaso e arrivarono al fiume Tigri. In Medio Oriente toccarono le città di Mosul, _________________ e Basra. Da Basra si diressero al porto di Hormuz, nel Golfo Persico, da una parte (*on one hand*) perché volevano visitare l'_________________, dall'altra perché avevano pensato di continuare il viaggio via mare. Ma non fu possibile, e dovettero proseguire _________ _________________, passando attraverso l'Iran e gli attuali Turkmenistan, Uzbekistan e Kirghizistan. Dopo il difficile passaggio del deserto mongolico del Gobi, con una carovana di cammelli, i tre viaggiatori raggiunsero il Fiume Giallo e la città di Shangdu. Erano finalmente arrivati a destinazione: il viaggio era durato (*lasted*) tre _________________ e mezzo.

In Cina, Marco Polo non fu ricevuto dall'imperatore, ma dal Gran Khan, il capo dei Mongoli. Infatti, l'immenso _________________ cinese era stato da tempo invaso dal popolo del nord, che a quell'epoca governava tutto l'impero. Tuttavia, Marco Polo fu accolto con grandissimi onori dal Gran Khan, il quale (*who*) gli assegnò importanti attività commerciali e diplomatiche.

Addirittura, dal 1282 al _____________________, l'esploratore italiano fu governatore della città di Yangzhou.

Nel 1292, i Polo _____________________ di ritornare in Europa, e a causa della guerra sul confine occidentale dell'impero, optarono per il viaggio via mare: _____________________ la Cina, l'Indocina, la Malesia, Sumatra, l'_____________________ meridionale e le coste persiane, e giunsero a Hormuz nel 1294. I tre uomini —ricchissimi e soddisfatti— approdarono a Venezia nel 1295, _____________________ anni dopo la loro partenza.[1]

F. Marco Polo (seconda parte). Vero o falso? *Read the statements and decide whether they are true or false. Write **VERO** or **FALSO** in the appropriate spaces. If the statements are false, indicate why. Before you write each answer, indicate where you found the information in the text by <u>underlining</u> the corresponding words.*

1. Marco Polo nacque nel nord d'Italia.

2. Suo padre era medico.

3. La madre di Marco Polo morì quando Marco aveva quindici anni.

4. Il Medio Evo fu un periodo di apertura culturale per l'Europa.

5. La città di Venezia era un punto di incontro (*encounter*) fra l'Asia e l'Europa.

6. Fra i prodotti commestibili importati in Europa dall'Oriente c'erano il mais (*corn*) e le patate.

7. Marco Polo viaggiò per la prima volta in Oriente quando era ancora un adolescente.

8. Marco Polo, suo padre e suo zio toccarono le città di Mosul e Basra, ma non Baghdad.

9. Hormuz era una città portuale sul golfo persico.

10. A Marco Polo non fu mai possibile attraversare il deserto mongolico.

---

[1] *Information adapted from the following sites:* http://www.pierluigiandreoni.it/marco_2.html, http://www.e-tinerari.com/infoteca%20del%20turista/v.marcopolo.htm.

11. Il primo viaggio di Marco Polo in Oriente durò (*lasted*) tre mesi e mezzo.

12. La popolazione dei Mongoli risiedeva originalmente al Nord del territorio cinese.

13. Marco Polo ottenne un incarico (*appointment*) politico in Asia.

14. Marco Polo ritornò dall'Asia in Europa via terra.

G. Marco Polo (terza parte). *Listen to each question and choose the correct answer before the speaker does it for you. Then, after you hear each correct answer, check your work and repeat the correct word or expression after the speaker.*

1. In che anno nacque Marco Polo?
    a. Nacque nel 1854.   b. Nacque nel 1654.   c. Nacque nel 1254.

2. Che lavoro faceva suo padre?
    a. Faceva il marinaio.   b. Faceva il mercante.   c. Faceva il passeggero.

3. Cosa si sa di sua madre?
    a. Morì quando Marco aveva   b. Morì quando Marco aveva   c. Morì quando Marco aveva
       quindici anni.   dieci anni.   cinque anni.

4. Il territorio della città di Venezia era uguale a quello attuale?
    a. No, si estendeva fino al   b. No, si estendeva fino al c. No, si estendeva fino al
       territorio dell'odierna   territorio dell'odierna   territorio dell'odierna
       Croazia.   Slovenia.   Grecia.

5. Qual era il vantaggio della posizione strategica di Venezia?
    a. Venezia era una laguna.   b. Venezia era la principale c. Venezia era la principale
                                     intermediaria fra Oriente e   intermediaria fra l'Italia e
                                     Occidente.   l'Africa.

6. Quali metalli si esportavano dall'Occidente nel XIII secolo (*century*)?
    a. Il cotone e il lino.   b. Il legname e il sale.   c. Il rame e il ferro.

7. Quali erano i tre prodotti commestibili che i mercanti occidentali importavano dall'Oriente?
    a. Le patate, il mais e i   b. Il vino, l'olio e le spezie.   c. La seta, il cotone e il lino.
       pomodori.

8. Quanti anni aveva Marco Polo quando fece il primo viaggio in Oriente?
    a. Aveva trent'anni.   b. Aveva ventun anni.   c. Aveva diciassette anni.

9. Come si chiamava la Cina al tempo di Marco Polo?
   a. Si chiamava Catai.   b. Si chiamava Shanghai.   c. Si chiamava Hormuz.

10. Quanto durò il viaggio dall'Italia alla Cina?
   a. Durò tre mesi e mezzo.   b. Durò due anni.   c. Durò tre anni e mezzo.

11. A quel tempo, chi aveva conquistato il territorio cinese?
   a. I Vichinghi.   b. I Mongoli.   c. I Turchi.

12. Che carica (*appointment*) politica ebbe Marco Polo in Cina?
   a. Fu governatore di una città.   b. Fu consigliere del Gran Khan.   c. Fu console della Cina.

13. Dopo quanti anni Marco Polo, suo padre e suo zio tornarono a Venezia?
   a. Tornarono dopo quattordici anni.   b. Tornarono dopo ventiquattro anni.   c. Tornarono dopo ventotto anni.

H. Qual è la risposta corretta?

1. Marco Polo... a viaggiare quando... diciassette anni.
   a. cominciava / aveva   b. ha rinunciato / aveva   c. cominciò / aveva   d. rinunciò / aveva

2. Marco Polo realizzò il suo primo viaggio in Cina nel... secolo.
   a. XII (dodicesimo)   b. X (decimo)   c. XI (undicesimo)   d. XIII (tredicesimo)

3. Il padre di Marco Polo... un mercante ricco e famoso, che... attive relazioni commerciali in Estremo Oriente.
   a. aveva / aveva   b. era / aveva   c. eri / avevi   d. è stato / è avuto

4. La madre di Marco Polo... quando il ragazzo... quindici anni.
   a. morta / aveva   b. morì / aveva   c. morì / ebbe   d. è morto / aveva

5. La città in cui (*which*) nacque Marco Polo è oggi il capoluogo del...
   a. Piemonte.   b. Lazio.   c. Friuli Venezia-Giulia.   d. Veneto.

6. Le quattro regioni del sud d'Italia sono la Basilicata, la Puglia,...
   a. e il Trentino Alto-Adige.   b. la Campania e l'Umbria.   c. la Campania e la Calabria.   d. la Calabria e la Campagna.

7. Il territorio italiano comprende un totale di... isole.
   a. quindici   b. trenta   c. trentasei   d. venti

8. La montagna più alta d'Italia —il Monte Bianco— si trova in... .
   a. Piemonte.   b. Calabria.   c. Lombardia.   d. Valle d'Aosta

9. La Valle d'Aosta è la regione... d'Italia.
   a. piccola   b. molto piccola   c. più piccola   d. piccolissima

10. Uno dei vulcani... del mondo è l'Etna, in Sicilia.
   a. attivissimo   b. meno attivi   c. più attivi   d. molto attivo

11. La "Vespa" è... *scooter* italiano... del mondo.
    a. lo / più famoso   b. la / più famosa   c. il / più famoso   d. gli / più famosi

12. Nella mia classe di italiano ci sono... studenti, ma siamo tutti... motivati.
    a. pochi / molti   b. poco / molto   c. poche / molte   d. pochi / molto

13. Il nostro viaggio in Europa è stato indimenticabile. Abbiamo preso il treno... volte (*times*) e abbiamo conosciuto persone... simpatiche.
    a. tanto / molte   b. tanti / molti   c. tante / molte   d. tante / molto

14. ... musei italiani sono... conosciuti negli Stati Uniti.
    a. Molto / molto   b. Molti / molti   c. Molto / molti   d. Molti / molto

15. Si ricordi, signora Cecchetti, appena sale (*get on*) sull'aereo, deve... e... .
    a. dare il passaporto all'assistente di volo / prendere la carta d'imbarco   b. trovare il Suo posto / sistemare il bagaglio a mano   c. parlare con un'assistente di volo / chiedere qualcosa da mangiare   d. sistemare il Suo bagaglio a mano / andare in bagno

16. Giorgia e Vincenzo sono arrivati in aeroporto in ritardo, e il loro aereo... già...
    a. è / partito.   b. era / partito.   c. aveva / partito.   d. eri / partito.

17. Siamo arrivati in aeroporto tre ore prima della partenza del nostro volo, e abbiamo fatto... in tutta tranquillità.
    a. i bagagli   b. la carta d'imbarco   c. l'accettazione   d. il posto

18. Quando Tommaso è arrivato negli Stati Uniti, nel 1983, non... mai... i grattacieli (*skyscrapers*).
    a. ha / visto   b. lui / vedeva   c. ha / visti   d. aveva / visto

19. Il documento che mi permette di viaggiare all'estero è...
    a. il passaporto.   b. la carta d'imbarco.   c. il biglietto.   d. la carta geografica.

20. La linea aerea italiana che offre il maggior numero di rotte internazionali è...
    a. la Meridiana.   b. l'Alitalia.   c. Air Dolomiti.   d. la Azzurra Air.

Capitolo IX: Noi e il nostro corpo

A. **La testa.** *Listen to the speaker indicate ten (10) parts of the human head in alphabetical order. Number them as you hear them and write down the corresponding article and words. At the end, check your work as the speaker spells out each word for you.*

1. _______________________

2. _______________________

3. _______________________

4. _______________________

5. _______________________

6. _______________________

7. _______________________

8. _______________________

9. _______________________

10. _______________________

B. **Gli organi interni e le parti del corpo.** *Write down the eight (8) sentences as the speaker dictates them to you. You will hear each sentence three times. The first time listen carefully; the second time write down each word as the speaker reads them to you. As you listen to each sentence the third time, check your work.*

1. ____

2. ____

3. ____

4. ____

5. ____

6. ____

7. ____

8. ____

C. Consigli per il buon funzionamento degli organi interni. *Read the doctor's suggestions and group them by the corresponding organ. Follow the example.*

- Consumi burro e uova in quantità minime.
- Continui a studiare cose nuove.
- Dorma con la finestra aperta.
- Faccia i cruciverba.
- Faccia il controllo del colesterolo. ✓
- Impari una lingua straniera.
- Beva alcolici in quantità moderate.
- Non beva troppo caffè.
- Non corra in mezzo al traffico.
- Non fumi.
- Non mangi cibi ad alto contenuto di grassi.

IL CUORE

1. Faccia il controllo del colesterolo.
2. ____
3. ____

IL CERVELLO

1. ____
2. ____
3. ____

IL FEGATO

1. ____
2. ____

I POLMONI

1. ____
2. ____
3. ____

D. Identificazioni. *Identify the parts of the body that complete each sentence. Write the definite article AND the noun. Follow the example.*

Vocabolario utile

su = *on*
sopra = *over / on top of*
sotto = *under*
dentro = *in(side)*

LA TESTA

Esempio: Sul cranio ci sono...   _i capelli._

1. Ai due lati del viso ci sono...   _______________________________________

2. Sotto il mento c'è...   _______________________________________

3. All'interno della testa c'è...   _______________________________________

IL VISO

4. Sopra il naso c'è...   _______________________________________

5. Sotto il naso c'è...   _______________________________________

6. Dentro la bocca ci sono...   _____________________ e _____________________

7. Sotto gli zigomi ci sono...   _______________________________________

8. Sopra gli zigomi ci sono...   _______________________________________

9. Sopra gli occhi ci sono...   _______________________________________

10. Per chiudere gli occhi muoviamo...   _______________________________________

11. I peli sulle palpebre sono...   _______________________________________

GLI ARTI SUPERIORI

12. Attaccate alle spalle ci sono...   _______________________________________

13. L'articolazione che unisce il braccio con l'avambraccio (*forearm*) è...   _______________

14. Tra la mano e il gomito c'è...   _______________________________________

15. Tra la mano e l'avambraccio c'è...   _______________________________________

16. Le cinque parti mobili della mano sono...   _______________________________________

17. Sulla parte superiore dell'ultima falange delle dita ci sono...   _______________________

18. Alla fine delle braccia ci sono...   _______________________________________

GLI ARTI INFERIORI

19. I quadricipiti e gli adduttori definiscono... ___________________________________

20. L'articolazione centrale della gamba è... ___________________________________

21. Il muscolo più grande che si trova fra il piede e il ginocchio è... ___________________

22. Le cinque parti mobili del piede sono... ___________________________________

23. Fra il piede e la gamba c'è... ___________________________________

24. La parte posteriore del piede è... ___________________________________

E. Gli organi interni e le parti del corpo. *As you listen to the speaker, complete the following sentences by choosing the correct answer before the speaker does it for you. Then, after you hear each correct answer, check your work and repeat the correct word or expression after the speaker.*

1. Nel (*in the*) torace ci sono... .
   a. i capelli   b. lo stomaco   c. i polmoni

2. Nel cranio c'è... .
   a. la testa   b. il cervello   c. la faccia

3. Sotto (*under*) la bocca c'è... .
   a. il mento   b. la bocca   c. il dente

4. Le parti mobili della mano sono... .
   a. i diti   b. le dite   c. le dita

5. Tra (*between*) la mano e la spalla (*shoulder*) c'è... .
   a. i gomiti   b. il braccio   c. le braccia

6. L'articolazione centrale della gamba è... .
   a. il ginocchio   b. la coscia   c. la caviglia

7. All'estremità delle braccia ci sono... .
   a. le gambe   b. le mani   c. le orecchie

8. Sopra (*over*) gli occhi c'è... .
   a. la testa   b. le ciglia   c. la fronte

9. All'estremità delle dita, nella parte superiore, ci sono... .
   a. le unghie   b. i piedi   c. le falangi

10. Sotto la testa c'è... .
    a. il cuore   b. la bocca   c. il collo

F. **Sei agile o no?** *Read each description and match it with the drawings by writing the illustration letter in the first column. Then decide whether the positions are possible for you or not. If they are possible, give yourself one point; if they are impossible, write zero. Finally, add up the points and see if the score in the diagram that follows describes your level of agility.*

DISEGNO	POSSIBILE	IMPOSSIBILE

1. Schiena a terra. Piedi a terra e palmi delle mani a terra, dietro la testa. <u>Solleva</u> tutto il corpo e fa' il "ponte" (*bridge*).

2. In piedi. <u>Tocca</u> il pavimento (*floor*) con la punta delle dita.

3. In piedi. <u>Tocca</u> il pavimento con i palmi delle mani.

4. In piedi. <u>Stira</u> il braccio destro in alto e tocca la scapola (*shoulder-blade*) sinistra, e viceversa.

5. <u>Siediti</u> a terra e <u>tocca</u> la punta del naso con un dito del piede sinistro.

6. <u>Toccare</u> la spalla sinistra con la mano destra.

7. In piedi, <u>allaccia</u> le mani dietro la schiena e <u>solleva</u> le braccia a quarantacinque gradi (*degrees*).

8. <u>Siediti</u> a terra e <u>tocca</u> la fronte con il tallone del piede sinistro.

9. <u>Siediti</u>, <u>incrocia</u> le caviglie e <u>alzati</u> in piedi senza aiutarti con le mani.

10. <u>Siediti</u> a terra a gambe divaricate (*apart*). <u>Piega</u> il busto fino a toccare il pavimento con il petto.

11. <u>Fa'</u> la "verticale": <u>appoggia</u> il peso del corpo sulle mani e <u>solleva</u> le gambe. <u>Rimani</u> in equilibrio in aria o contro il muro (*wall*).

12. Con le gambe leggermente divaricate <u>piega</u> le ginocchia e <u>porta</u> i glutei paralleli al pavimento.

TOTALE MOVIMENTI POSSIBILI

a.

b.

c.

d.

e.

f.

g.

h.

i.

j.

k.

l.

RISULTATO

Da 1 a 4 punti:	Non sono molto agile.	__________
Da 5 a 9 punti:	Sono abbastanza (*fairly*) agile.	__________
Da 10 a 15 punti:	Sono molto agile.	__________

G. Consigli. *Read the following suggestions and formulate affirmative or negative imperatives. Consider the situations and use informal commands in the first column and formal commands in the second column.*

<table>
<tr><td>CONSIGLI AD UN(') AMICO/A
CHE VUOLE DIMAGRIRE
SENZA ANDARE IN PALESTRA</td><td>CONSIGLI DEL MEDICO AD UN PAZIENTE
CHE VUOLE DIMAGRIRE
SENZA ANDARE IN PALESTRA</td></tr>
</table>

1. (mangiare molto a colazione)

   1.

2. (uscire con il cane tre volte al giorno)

   2.

3. (stare seduto/a [*to stay seated*] troppe ore al giorno)

   3.

4. (prendere l'ascensore, salire[1] a piedi)

   4.

5. (andare a correre al parco)

   5.

6. (bere 10 bicchieri d'acqua al giorno)

   6.

7. (scegliere[2] cibi ricchi di proteine)

   7.

8. (ridurre[3] i carboidrati nella dieta)

   8.

9. (esagerare a tavola)

   9.

10. (mangiare poco e spesso)

   10.

11. (escludere il dolce dai menù)

   11.

---

[1] *The present tense of* **salire** *(to go up, to climb) is:* **salgo, sali, sale, saliamo, salite, salgono.**
[2] *The present tense of* **scegliere** *(to choose) is:* **scelgo, scegli, sceglie, scegliamo, scegliete, scelgono.**
[3] *The present tense of* **ridurre** *is:* **riduco, riduci, riduce, riduciamo, riducete, riducono.**

H. I capi di abbigliamento e le calzature. Legga attentamente le istruzioni.
Listen to the speaker indicate each of the illustrated items of clothing.
Number them as you hear them and write down the corresponding article and
words. At the end, check your work as the speaker spells out each word for
you.

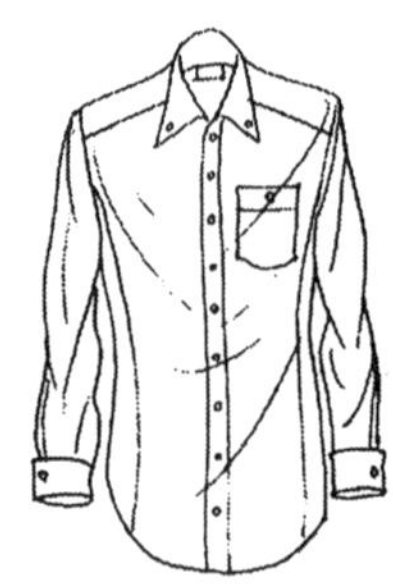

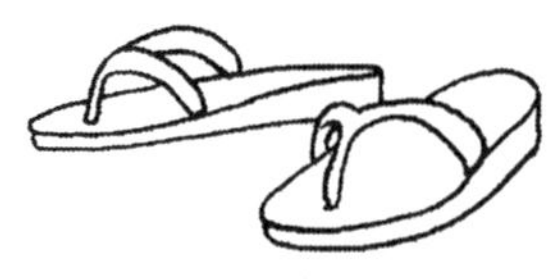

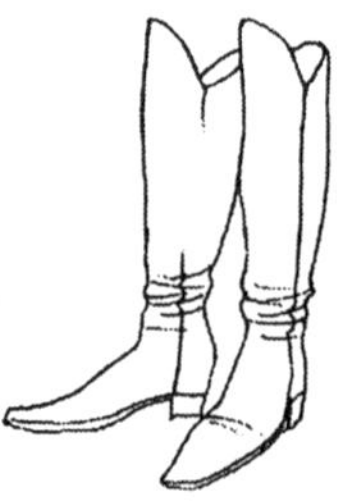

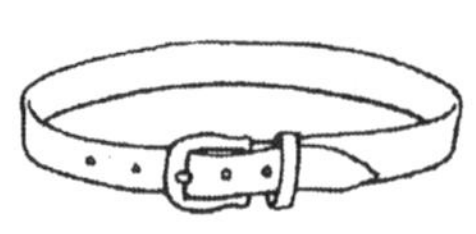

I. Definizioni: capi di abbigliamento. *Write the word that corresponds to the following definitions.*

1. Le mettiamo ai piedi, per camminare. Le _______________

2. Coprono le gambe degli uomini e delle donne. I _______________

3. Lo mettiamo per andare a letto. Il _______________

4. Proteggono le mani dal freddo. I _______________

5. È una specie di vestaglia, ma la usiamo per asciugarci, quando ci facciamo il bagno o la doccia. L' _______________

6. Le donne lo abbinano con le mutandine. Il _______________

7. Lo mettiamo in testa. Il _______________

8. Gli uomini d'affari (*business*) lo mettono per andare a lavorare. L' _______________

9. Lo indossiamo in spiaggia. Il _______________

10. Le donne la usano dalla vita (*waist*) in giù (*down*). La _______________

11. Li mettiamo ai piedi, di solito con le scarpe da ginnastica. I _______________

12. La possono usare tutti (adulti e bambini), con i pantaloni. Può essere a maniche corte o a maniche lunghe. La _______________

J. Cosa portano? *Write what* Elena, Luca, Giovanna, *and* Roberto *are wearing. Before you start writing, read the example and notice the use of the indefinite article (***un, uno, una***) and of the expression* **un paio di** *(a pair of).*

Esempio:

Antonella porta **un** vestito, **un paio di** pantofole e **un paio di** calzini.

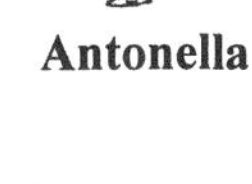

Antonella

Elena

Luca

Giovanna e Roberto

Nome e cognome____Data_______________________

Elena ____

Luca ____

Giovanna ____

Roberto ____

K. Consigli. *Read the following suggestions and formulate affirmative or negative imperatives.*
Consider the situations and use informal commands in the first column and formal commands
in the second column.

<table>
<tr><td>CONSIGLI AD UN(') AMICO/A
CHE VUOLE VESTIRE BENE
SENZA SPENDERE MOLTO</td><td>CONSIGLI AL CLIENTE (CUSTOMER)
CHE VUOLE VESTIRE BENE
SENZA SPENDERE MOLTO</td></tr>
<tr><td>1. decidere i colori preferiti</td><td>1.</td></tr>
<tr><td>2. acquistare capi in tinta unita (solid color)</td><td>2.</td></tr>
<tr><td>3. comprare vestiti firmati (designer clothes)</td><td>3.</td></tr>
<tr><td>4. scegliere tessuti (material) raffinati</td><td>4.</td></tr>
<tr><td>5. dimenticare (forget) i vestiti usati</td><td>5.</td></tr>
<tr><td>6. lavare a mano i maglioni</td><td>6.</td></tr>
<tr><td>7. lavare a secco (dry clean) i pantaloni di cotone</td><td>7.</td></tr>
<tr><td>8. stirare (iron) le magliette di cotone</td><td>8.</td></tr>
<tr><td>9. investire in un giubbotto di pelle</td><td>9.</td></tr>
<tr><td>10. cercare di seguire l'ultima moda (trends)</td><td>10.</td></tr>
</table>

L. Dimmi come ti vesti e... *Answer the following questions in COMPLETE SENTENCES.*

1. Ti vesti elegantemente la domenica? Se (*if*) sì, cosa ti metti?

2. Se vai alla festa di compleanno di un amico / un'amica, cosa indossi?

3. Se vai a ballare la sera, che ti metti?

4. Se vai a un matrimonio, cosa indossi?

5. In inverno, quando fa molto freddo, che vestiti pesanti ti metti **quando esci?**

6. In inverno, se hai freddo in casa, cosa ti metti?

7. In estate, quando il tempo è caldo e umido, che ti metti?

8. Se vai al mare per il fine settimana, cosa metti nella valigia?

9. Cosa indossi in questo momento?

10. Cosa ti sei messo/a ieri?

11. Quando eri alle superiori, cosa ti mettevi per andare a scuola?

12. Cosa ti metti quando vai a dormire?

 **M. Qual è la risposta corretta?**

1. Marco non è uno studente… bravo; non sa rispondere a… domande del professore.
    a. poco / poche   b. più / molte   c. molte / poche   d. molto / molte

2. Quando la mamma ha visto che Tommasino aveva trovato… nuovi amici alla nuova scuola, è stata… contenta.
    a. tanti / molto   b. tutti / molta   c. molti / poca   d. troppi / molto

3. Quando Tommasino è rientrato a casa dopo la scuola, sua sorella Isabella… già… tutti i compiti.
    a. ha … finito   b. era … finita   c. aveva … finito   d. aveva … finita

4. E così, mentre Tommasino… i suoi compiti sul compito di algebra, Isabella… nella sua stanza.
    a. ha fatto / ha   b. ha fatto / aveva   c. faceva / aveva   d. faceva / giocava
        giocato   giocato   giocato

5. Angela ieri sera non ha risposto al telefono perché non… : … a fare la spesa.
    a. c'era / aveva   b. aveva / è andata   c. c'era / era andata   d. c'erano / erano
        andato   andati

6. Il taxi… in anticipo (*early*), ma io… di fare le valige, e quindi (*therefore*) siamo partiti subito e siamo arrivati in aeroporto in perfetto orario.
    a. è arrivato / aveva b. è arrivato / ero   c. è arrivato / avevo   d. arrivava / finivo
        finito   finito   finito

7. Perché porti tre… se il viaggio dura solo una settimana?
    a. vaglie   b. valige   c. valigia   d. bagagliai

8. Oggi non posso lavorare in giardino perché… la schiena.
    a. non mi va   b. ho mal di   c. non ho   d. mi fa male

9. Gianni, Alberto,… al cinema stasera! C'è il nuovo film di Ozpetek!
    a. vediamo   b. accompagnatemi   c. vai   d. usciamo

10. L'articolazione centrale della gamba è… .
    a. il gomito   b. il gluteo   c. il quadricipite   d. il ginocchio

11. …sono i muscoli posteriori del braccio, fra l'avambraccio e la spalla.
    a. I bicipiti   b. I tricipiti   c. I quadricipiti   d. I precipiti

12. Giovanna sta poco bene oggi; …fa male la gola e tossisce (*coughs*) in continuazione.
    a. le   b. la   c. gli   d. li

13. Tommasino, dobbiamo uscire tra dieci minuti e sei ancora in pigiama. …immediatamente.
    a. Vestiti   b. Vesti   c. Mettiti   d. Vieni

14. Alcuni consigli per imparare (*learn*) una lingua straniera: dedicatele minimo un'ora ogni giorno, ripetete i vocaboli ad alta voce, leggete il più possibile, studiate la grammatica e gli esempi e, soprattutto (*above all*),… pazienza!
    a. abbiate   b. avete   c. avere   d. abbiano

15. —Scusi, sa dov'è il teatro dell'opera?
    —Sì. … dritto (*straight ahead*) e… a destra al secondo semaforo.
    a. Va' / giri   b. Vada / giri   c. Va / gira   d. Andare / girare

16. Consiglio per il passeggero: "appena sali sull'aereo va' al tuo posto, siediti e... le cinture di sicurezza."
    a. allacciarsi   b. allacciati   c. si allacci   d. ti allacci

17. Ragazzi, non dimenticate di scrivere il vostro nome:... su tutti i fogli dell'esame.
    a. scrivigli   b. scrivilo   c. lo scriva   d. scrivetelo

18. Consiglio alle persone che sono sopvrappeso: "Se qualcuno vi offre un dolce, non...!"
    a. mangiarlo   b. lo mangiate   c. lo mangino   d. guardalo

19. Lo psicologo dice a un paziente depresso: "... di vedere sempre il lato positivo delle cose."
    a. Cerca   b. Cercate   c. Cerchi   d. Cerco

20. —Non ho tempo di lavare i piatti, devo andare, sono già in ritardo. Scusami se lascio tutto in disordine!
    —Non...! Lo faccio io.
    a. si preoccupi   b. si preoccupa   c. ti preoccupare   d. ti scusi

Capitolo X: Cosa ci riserva il futuro?

A. Una lettera (prima parte). Olti *is back in Albania after spending a month in Italy. Help him write a letter to his Italian friend* Simona. *As you listen to his words, read along and fill in the blanks with the correct form of the verbs in the future tense.*

Tirana, 19 ottobre 2007

Cara Simona,

sono tornato da pochi giorni a Tirana, ma sento già nostalgia dell'Italia. Non _______________________ (DIMENTICARE) mai la gentilezza e l'affetto che ho trovato a casa tua.

Come state? Hai già parlato ai tuoi genitori dei nostri programmi per l'estate prossima? I miei hanno già detto che sono d'accordo: tu _________________ (POTERE) stare a casa nostra per tutto il mese di luglio, e poi _________________ (POTERE) partire insieme (together) per l'Italia. Anche mia sorella Dina _________________ (VENIRE) con noi: il viaggio _________________ (ESSERE) il regalo dei miei genitori per il diploma di maturità[1]. Lei ancora non lo sa perché vogliamo farle una sorpresa. Dina vuole fare la stilista di moda (fashion designer), e dice sempre che nel suo primo viaggio all'estero _____________ (ANDARE) in Italia. Ovviamente, _________________ (DOVERE: noi) pensare a dove alloggiare, perché non ho intenzione di invadere casa tua proprio ad agosto!

Le lezioni all'università sono appena cominciate. Seguo quattro corsi: uno di economia, uno di diritto (law) internazionale, uno di inglese e uno di italiano. Adesso mi sento molto più a mio agio (at ease) quando scrivo in italiano. Si nota? Fra un paio di settimane _________________ (COMINCIARE) a lavorare in un ristorante come aiutante del cuoco. Fino a dicembre _________________ (LAVORARE) solo due sere alla settimana, ma da gennaio _________________ (CERCARE) di lavorare anche il fine settimana, così _________________ (POTERE) mettere da parte i soldi per le vacanze estive. Prendere voti decenti e lavorare non _________________ (ESSERE) facile, ma sono sicuro che _________________ (RIUSCIRE) a realizzare il mio progetto.

E tu che mi dici? Quanti corsi segui questo semestre? Sono interessanti? Scrivimi appena puoi, raccontami come vanno le cose all'università e fammi sapere cosa dicono i tuoi dei nostri programmi per l'estate.

Un abbraccio a tutti voi.

> *Olti*

---

[1] Diploma di maturità = *High school diploma.*

Nome e cognome______________________________________Data__________________________

B. **Una lettera (seconda parte). Vero o falso?** *Listen to the statements and decide whether they are true or false. Write* **VERO** *or* **FALSO** *in the appropriate spaces. If the statements are false, indicate why in CONCISE SENTENCES.*

Esempio: *You hear:* Olti è albanese.
You write: <u>Vero.</u>
or
You hear: Olti è greco.
You write: <u>Falso. È albanese.</u>

1. ____

2. ____

3. ____

4. ____

5. ____

6. ____

7. ____

8. ____

9. ____

10. ____

C. **Una lettera (terza parte).** *Answer the questions about Olti's letter to Simona in COMPLETE SENTENCES. Before you write each sentence, indicate your answer by marking the passage with a pen or pencil.*

1. Olti scrive a Simona che non dimenticherà mai due cose: quali?

____

____

2. Secondo (*according to*) quello che dicono i genitori di Olti, cosa potrà fare Simona l'estate prossima?

____

____

3. Quale sarà il regalo che i genitori di Olti faranno a sua sorella Dina?

____

____

4. Secondo quello che Olti scrive, lui e sua sorella alloggeranno (*will stay*) a casa di Simona o no?

____

____

Nome e cognome____Data__________________________

5.   Quali corsi frequenta Olti questo semestre?

____

____

6.   Olti dice che fra due settimane comincerà a lavorare. Dove lavorerà e cosa farà?

____

____

7.   Come pensa Olti di mettere da parte (*to set aside*) i soldi per le vacanze estive?

____

____

8.   Olti parla di qualcosa (*something*) che non è facile: cosa?

____

____

9.   Alla fine della lettera, Olti chiede a Simona di scrivergli. Cosa vuole sapere esattamente?

____

____

D.   Il futuro.   Come sarà la tua vita fra cinque anni? *Describe your current lifestyle and say where you see yourself in five years.*

	ATTUALMENTE... ↓	FRA CINQUE ANNI... ↓
1. Dove abiti?	Abito in una residenza studentesca / in un appartamento / in una casa / a casa dei miei genitori.	Abiterò...
2. A che ora ti alzi la mattina?		
3. Quale mezzo di trasporto usi?		
4. Dove pranzi e con chi?		

5. Che fai nel pomeriggio?

6. Con chi trascorri le
    serate?

7. Guardi il telegiornale
    prima di andare a letto?

8. Ogni quanto tempo
    (*how often*) vedi i tuoi?

9. Che fai per mantenerti
    in forma?

10. Hai animali in casa?

continua...

E. Il mondo fra cinquant'anni nell'ottica ottimista e nell'ottica pessimista.
The following table presents two opposite visions of the future. As you listen to the speaker, read along and fill in the blanks with the words that are missing. Then, express your point of view by checking the appropriate boxes in the diagram that follows.

OTTICA OTTIMISTA	OTTICA PESSIMISTA
↓	↓
1. Non ____________ ________________________ più guerre: i conflitti economici, politici e sociali _________ ____________________________ per vie diplomatiche.	La ____________________ continuerà ad essere il metodo utilizzato per risolvere i conflitti nazionali e ______________________________________.
2. I Capi di Stato raggiungeranno un accordo definitivo sul ________________________________ nucleare.	Le armi nucleari rappresenteranno un grosso ________________________________ per tutti gli abitanti del pianeta.
3. I bambini di tutti i paesi del mondo ____________________ a disposizione scuole pubbliche ____________________.	Le famiglie dovranno ____________________ molti soldi per garantire ai loro figli una buona ____________________.
4. Chi ________________ lavorare potrà lavorare perché _______ ___________ lavoro per tutti.	Il tasso di ________________ sarà superiore al 15% anche nei ________________ industrializzati.
5. La ricerca medica sarà così ________________ che non ci saranno più sindromi mortali ed ____________________ come l'AIDS.	Ci saranno varie ________________ sindromi mortali ed epidemiche ________________ all'AIDS.
6. Lo strato di ozono nella stratosfera ____________________ lo spessore (*thickness*) iniziale.	L'assottigliamento (*thinning*) dello strato di ozono ____________________ problemi molto seri alla pelle (*skin*), agli ________________ e al sistema immunitario degli esseri ________________.
7. Gli esseri umani ________________ imparato (*learned*) a vivere nella diversità e il razzismo _________ ____________________ più.	Il ____________________ continuerà ad essere uno dei problemi più disonorevoli della ________________ società.
8. In ogni paese del mondo ____________________ (*one will learn*) le lingue straniere e così si rispetteranno le ____________________ linguistiche di tutti i paesi e di tutti i popoli.	Le ________________ lingue ufficiali del mondo saranno l'inglese e il ____________________.

SECONDO (*according to*) ME...

	OTTICA OTTIMISTA	OTTICA PESSIMISTA
	↓	↓
1. **LA GUERRA**	☐	☐
2. **LE ARMI NUCLEARI**	☐	☐
3. **ISTRUZIONE GRATUITA**	☐	☐

4. **OCCUPAZIONE VS. DISOCCUPAZIONE** ☐ ☐

5. **LA MEDICINA E LA SALUTE** ☐ ☐

6. **L'AMBIENTE: LO STRATO DI OZONO** ☐ ☐

7. **DIVERSITÀ E RAZZISMO** ☐ ☐

8. **LINGUE UFFICIALI NEL MONDO** ☐ ☐

F. I buoni propositi di Capodanno. *Formulate probable New Year's resolutions for the people described.*

PARLA ANTONELLA:

Questo semestre non ho preso buoni voti negli esami perché non <u>ho dedicato</u> abbastanza tempo agli studi. Dovrei <u>studiare</u> un paio di ore ogni giorno invece di <u>rimandare</u> (*postpone*) sempre fino alla settimana prima dell'esame. Durante il fine settimana sono sempre uscita con i miei amici qui a Roma, é <u>sono tornata</u> a casa dai miei solo due volte in quattro mesi. Così non <u>ho passato</u> quasi mai il tempo con mia sorella Cristina (che ha solo quindici anni e vorrebbe stare più vicina a me).

COSA FARÀ ANTONELLA L'ANNO PROSSIMO?

1. ...dedicherà più tempo ai suoi studi._________________________________

2. ____

3. ____

4. ____

5. ____

PARLA BARBARA:

Insegno matematica in una scuola superiore e faccio anche l'allenatrice per la squadra femminile di calcio. Quasi ogni sera correggo i compiti dei miei studenti, per due o tre ore. Ho poco tempo per parlare con mio marito, per cucinare, che è la mia passione, e per andare in palestra. Forse (*perhaps*) dovrei <u>passare</u> meno tempo a correggere i compiti, o forse dovrei <u>imparare</u> a gestire (*manage*) i compiti elettronicamente. Insomma, dovrei <u>essere</u> più organizzata, così potrei <u>cercare</u> (*try to*) di dedicare più tempo alla famiglia e a me stessa. L'anno prossimo...

BARBARA DICE:

1. ____

2. ____

3. ____

4. ____

PARLANO I SIGNORI MOVALDINI:

Siamo i proprietari di un ristorante a quattro stelle, a Sorrento—sappiamo che la loro salute è in grave pericolo perché lavoriamo troppo, siamo un po' sovrappeso (*overweight*), non dormiamo abbastanza e non facciamo niente per ridurre lo *stress* della giornata lavorativa al ristorante. Dovremmo <u>metterci</u> a dieta, <u>assumere</u> (*hire*) un altro cuoco e due camerieri e dovremmo <u>andare</u> in vacanza almeno una volta all'anno. Ogni giorno dovremmo <u>muoverci</u> di più e forse dovremmo <u>dedicare</u> più tempo alla famiglia, specialmente ai nostri nipotini.

COSA FARANNO I SIGNORI MOVALDINI L'ANNO PROSSIMO?

1. ...si metteranno a dieta.____

2. ____

3. ____

4. ____

5. ____

G. Cosa faresti tu in queste situazioni? *As you listen to each person's conflict, read along and fill in the blanks with the words that are missing. Then, consider the conflict and state what YOU would do if you were in their shoes.*

(Marco sta studiando, ma un pensiero lo distrae...)

Il mio problema più grande è che ______ ________ mai abbastanza (*enough*) soldi. Ho solo una carta di credito, e ______________ di non comprare cose superflue. Generalmente ______________ solo i soldi per la benzina, per la spesa e per l'abbigliamento (*clothes*), però ______ ____________ che mi danno i miei genitori non sono mai sufficienti per ______________ tutto. Se chiedo più soldi ai miei, me li danno senza problemi, ma è un po' imbarazzante ______________ a chiedere, no? Forse dovrei trovarmi un lavoro, anche se a loro non ______________ per niente l'idea.

IO, AL POSTO DI MARCO,[2]...

1. ...chiederei ai miei genitori i soldi per l'abbigliamento._______________

2. ____

3. ____

---

[2] **Al posto di Marco** *means "in Marco's place."*

(Jeff è in classe, e parla con Amanda)
Non capisco perché non __________ voti
(*grades*) migliori in italiano. Studio quasi
__________ __________ e prendo
appunti a lezione. Ammetto che non
capisco __________ quello che spiega
il professore e, per essere franco, ______
______ ________ molto né l'italiano, né il
professore. Vorrei e __________
prendere una A, invece ______ ________
media (*average*) è C.

IO, AL POSTO DI JEFF...

1. ____

2. ____

3. ____

(Teresa parla con Giovanna...)
Quest'estate __________ fare un
viaggio in Sardegna, ma non ho
__________ soldi. Confesso che non
mi piace andare in campeggio e ______
__________ di prendere l'aereo.
__________ chiedere a mio cugino
Luigi di accompagnarmi. Ma lui è già stato
in Sardegna __________ volte. Avrà
voglia (*will he feel like*) di tornarci anche
quest'__________, con me?

IO, AL POSTO DI TERESA...

1. ____

2. ____

3. ____

H. Come ti comporteresti (*would you behave*) **in questa situazione?** *Evaluate the situation and state how you would react.*

SITUAZIONE

> SONO LE TRE MENO UN QUARTO. TI TROVI SULL'AUTOSTRADA A METÀ STRADA TRA FIRENZE E ROMA (DISTANZA: 270 CHILOMETRI CIRCA). TI SEI FERMATO / A AD UNA STAZIONE DI SERVIZIO PERCHÉ HAI UNA GOMMA A TERRA. HAI APERTO IL PORTABAGAGLI, MA LA RUOTA DI SCORTA (*SPARE*) NON C'È. HAI UN APPUNTAMENTO A ROMA ALLE CINQUE. AVEVI NOLEGGIATO LA MACCHINA, UNA *FIAT BRAVA*, ALLA *HERTZ*, DELL'AEROPORTO AMERIGO VESPUCCI, A FIRENZE.

1. CHIEDERE AIUTO AD UN ALTRO AUTOMOBILISTA
   Io chiederei / Io non chiederei aiuto ad un altro automobilista.
   ____

2. TELEFONARE ALL'AUTONOLEGGIO DI FIRENZE E CHIEDERE CONSIGLIO
   ____

3. PROTESTARE CON L'IMPIEGATO DELL'AUTONOLEGGIO
   ____

4. ANNULLARE L'APPUNTAMENTO DELLE CINQUE
   ____

5. POSTICIPARE (*to postpone*) L'APPUNTAMENTO
   ____

6. FARE L'AUTOSTOP
   ____

7. CERCARE DI TROVARE UNA GOMMA
   ____

8. ANDARE A PRENDERE UN CAFFÈ AL BAR DELLA STAZIONE DI SERVIZIO
   ____

9. AGITARSI
   ____

I. Cosa faresti se fossi il professore o la professoressa di italiano? *Which of the following things would you (not) do if you were the Italian instructor?*

1. **Dare** più / meno compiti.

2. **Fare** lavorare gli studenti in gruppo più frequentemente / raramente.

3. **Invitare / Non invitare** persone italiane a presentare aspetti della cultura italiana.

4. **Portare** gli studenti al laboratorio linguistico più / meno frequentemente.

5. **Parlare / non parlare** sempre in italiano in classe.

6. **Andare / Non andare** con i miei studenti a mangiare nei ristoranti italiani.

1. ____

2. ____

3. ____

4. ____

5. ____

6. ____

J. Qual è la risposta corretta?

1. Carlito, Tommasino! Guardate, piove! …l'impermeabile prima di uscire.
    a. Non mettere   b. Mettilo   c. Mettiti   d. Mettetevi

2. Anna, guarda, piove a dirotto! …senza ombrello!
    a. Esci   b. Non uscire   c. Prendi   d. Non prendere

3. Se vuoi… in forma, bastano 45 minuti di moto ogni giorni.
    a. avere   b. mantenerti   c. arrivare   d. metterti

4. —Ieri ho corso un'ora, poi sono andata in palestra e dopo in piscina.
    —E oggi… male tutti i muscoli del corpo. Hai esagerato!
    a. mi fanno   b. ti fanno   c. ti facciano   d. ti ha fatto

5. Oggi Antonella sembra… stanca. Forse ha lavorato… la settimana scorsa.
    a. molto / troppo   b. molta / troppo   c. molta / troppa   d. molto / poca

6. Il fine settimana scorso non siamo usciti, ma questo fine settimana… di sicuro.
    a. esco   b. uscirei   c. usciamo   d. escono

7. Quest'anno i miei cugini hanno trascorso le vacanze qui in Italia, e l'anno prossimo noi le… da loro, negli Stati Uniti.
    a. trascorrerete   b. trascorrereste   c. trascorreremmo   d. trascorreremo

8. Spero che questo semestre… meno pesante del semestre scorso.
   a. sarà
   b. avrà
   c. sarò
   d. avrò

9. —Professoressa, quanti saggi (*essays*) ci… scrivere questo semestre?
   —Minimo cinque!
   a. fai
   b. farei
   c. farà
   d. dovremmo

10. —Se parti da Torino alle sei quando… a Napoli?
    —L'orario dice che il treno deve… a Napoli alle sedici e quarantacinque.
    a. arrivai / arriva
    b. arriverei / arriverà
    c. arriverai / arrivare
    d. sono / arrivare

11. Antonella: Ieri non… a correre perché faceva troppo freddo; oggi non posso andare perché devo studiare, ma domani… in palestra per due ore.
    Carla: Mi sembra la soluzione perfetta.
    a. sono andato / possiamo
    b. vado / andrò
    c. ho potuta / potrei
    d. sono andata / vado

12. —Mi dispiace, signora, il dottore è ancora in sala operatoria. …nel pomeriggio?
    —Va bene, richiamerò verso le quattro.
    a. Torni
    b. Tornerebbe
    c. Tornerai
    d. Torneremmo

13. —Secondo me (*in my opinion*) non ci sono differenze psicologiche fondamentali tra… e donne.
    —Non sono d'accordo.
    a. uomo
    b. signore
    c. uomini
    d. maschi

14. Secondo te, è più facile per… uomini o per… donne trovare l'equilibrio tra famiglia e carriera?
    a. due / le
    b. gli / le
    c. i / la
    d. tutti / tutte

15. Se avessimo (*if I had*) €1.000,00 da spendere,… un nuovo computer.
    a. comprerebbe
    b. compreremmo
    c. compreremo
    d. comprammo

16. Se il mio gatto fosse più grande, sembrerebbe una tigre; poi io avrei… e non lo… più in casa.
    a. paura / potrei
    b. fretta / sopporterei
    c. paura / terrei
    d. animale / rimarrebbe

17. Se tu fossi il professore,… compiti per il lunedì?
    a. assegnerebbe
    b. assegneresti
    c. assegnerai
    d. assegnerei

18. Per le vacanze estive quest'anno mi… andare sulle Alpi. E tu, cosa… fare?
    a. piace / vorrei
    b. piacerei / vorrai
    c. piacerebbe / verresti
    d. piacerebbe / vorresti

19. Cristina: Mamma, mi dispiace, ma non… essere a casa per cena.
    Mamma: Perché? Cosa è successo?
    Cristina: Hanno cancellato il volo delle 6:30, e quindi… prendere quello delle 8.
    a. potrei / dovrei
    b. potrò / dovrò
    c. dovrò / potrò
    d. vorrei / potrei

20. Anna, ti… chiedere un favore. Mi… la macchina per stasera?
    a. vorrei / presterebbe
    b. verrei / presteresti
    c. vuoi / presti
    d. vorrei / presteresti

Capitolo XI:
La vita all'università: responsabilità e tempo libero

 **A. (A) o (B)?** *Read each sentence, then decide what it means: does it mean (A) or (B)?*

1. Il tuo compagno di stanza ti cerca.
    tu cerchi (A)   lui cerca (B)

2. Non ci ascoltano i professori dell'università.
    i professori non ascoltano noi (A)   noi non ascoltiamo i professori (B)

3. Le invita Maurizio a una festa.
    le ragazze invitano (A)   Maurizio invita (B)

4. "Giovanna! Roberto ti sta cercando!"
    Giovanna cerca (A)   Roberto cerca (B)

5. La stiamo guardando.
    la professoressa guarda (A)   noi guardiamo (B)

6. Mio fratello mi chiama frequentemente.
    io chiamo (A)   mio fratello chiama (B)

7. Mi conoscono bene i miei genitori.
    io conosco i miei genitori (A)   i miei genitori conoscono me (B)

8. I miei genitori ci scrivono una lettera dall'Italia.
    noi scriviamo (A)   loro scrivono (B)

B. Reciprocità. *Giovanna Righi and her boyfriend Roberto have a relationship based on respect and equality. Formulate Giovanna's answers using the appropriate object pronouns.*

1. Roberto ti telefona regolarmente?
    <u>Sì, certo, mi telefona regolarmente, e anch'io gli telefono.</u>

2. Ti fa regali per San Valentino?
    ____

3. Ti compra una torta per il tuo compleanno?
    ____

4. Ti prepara la colazione il sabato mattina?
    ____

5. Ti dà un consiglio se tu glielo chiedi?
    ____

6. Ti presta soldi se tu glieli chiedi?
    ____

7. Ti dà appoggio emozionale nei momenti difficili?

____

8. Ti dimostra pazienza in situazioni stressanti?

____

C. A fare spese con i genitori! *Complete the dialogues following the model.*

- provare / provarsi   *to try on*
- volere   *to want*
- comprare   *to buy*

Esempio:

Giovanna:	Guarda, mamma, quel **vestito** verde con le maniche corte. Ti piace?
La mamma:	Sì, è molto[1] carino (*pretty*). Te lo vuoi provare?
Giovanna:	Non lo so...
La mamma:	Provatelo! Poi, se lo vuoi, te lo compro.

1. **Giorgio:** Guarda, papà, quella **camicia** arancione scuro. Ti piace?
    Il papà: ____
    Giorgio: Non lo so...
    Il papà: ____

2. **Luca:** Guarda, mamma, quei **pantaloni** neri, eleganti. Ti piacciono?
    La mamma: ____
    Luca: Non lo so...
    La mamma: ____

3. **Luisa:** Guarda, papà, quelle **scarpe** rosse di camoscio (*suede*). Ti piacciono?
    Il papà: ____
    Luisa: Non lo so...
    Il papà: ____

D. Generosa o no? *Antonella has to move and wants to sell her furniture. Maybe she should give it away? Listen to the speaker and fill in the blanks so that you can review the following vocabulary from chapter 5. Then create sentences using the verbs* **vendere** (*to sell*) *o* **regalare** (*to give as a gift*). *Follow the model.*

- Il _________________________ (*sofa*)

- La _________________________ (*stove*)

- Il _________________________ (*microwave oven*)

- Lo _________________________ (*mirror*)

____

[1] *Remember that, in these sentences,* **molto** *is an adverb (a word that modifies an adjective or a verb), therefore it is invariable.*

Capitolo 11: **La vita all'università: responsabilità e tempo libero.**   114

- La _________________________ *(bookshelf)*
- Il _________________________ *(end table)*
- Il _________________________ *(Persian rug)*
- Lo _________________________ *(book shelf)*
- L' _________________________ *(cabinet)*

1. —Mia cugina vuole comprare **il divano**.
   —Glielo vuoi vendere? Ma è tua cugina, regalaglielo!

2. —Mio fratello vuole comprare **la cucina a gas**.
   —
   ____

3. —Gli zii vogliono comprare **il forno a microonde**.
   —
   ____

4. —Mia cognata vuole comprare i due **specchi** di cristallo.
   —
   ____

5. —Mia suocera vuole comprare le due **librerie** del soggiorno.
   —
   ____

6. —I miei nonni paterni vogliono comprare **il tavolino** per il divano.
   —
   ____

7. — (Tu) vuoi comprare quel **tappeto persiano** che hai sempre ammirato tanto?
   —Me lo vuoi vendere? Ma sono la tua migliore amica,...
   ____

8. —(Tu) vuoi comprare **la lavatrice**? L'ho comprata solo due anni fa, è quasi nuova.
   —
   ____

9. —(Tu) vuoi comprare **gli scaffali e l'armadietto** dello studio?
   —
   ____

E. **Aspettative dei datori di lavoro** (*employers*). *What does the typical boss expect of his/her employees (***dipendenti/impiegati***)? Build complete sentences according to the model.*

1. Il capo / volere / dipendenti / arrivare / in orario
   Il capo vuole che i dipendenti arrivino in orario.
   ____

2. La preside (*high school principal*) / aspettarsi / professori / lavorare / meticolosamente
   ____

3. La direttrice / non volere / impiegati / fare / telefonate personali
   ____

4. I capi / preferire / dipendenti / non lasciare / ufficio / in disordine
   ____

5.   La proprietaria del negozio (*store*) / insistere / il commesso[2] / trattare con cortesia / tutti i clienti

____

6.   I dirigenti (*CEOs*) / in generale / non volere / dipendenti / andare in ferie / nello stesso periodo

____

7.   I supervisori / aspettarsi / dipendenti / dedicarsi / prima ai compiti più urgenti

____

8.   capo / preferire / operai / indossare / divisa (*uniform*)

____

9.   La caposala (*head nurse*) / volere / gli infermieri (*nurses*) / avere / buona formazione professionale

____

F.   Due filosofie a confronto. *As you listen to the speaker, read along and fill in the blanks with the words that are missing. Then, formulate sentences as in the examples.*

> Il _________________ Umberto Martini, proprietario di un negozio di arredamento (*furniture*) a Perugia, e sua _________________ Monica, bibliotecaria, _____________ _________________ da quasi vent'anni e hanno un _______________, Luigi, che frequenta il penultimo anno della scuola _________________. Sia (*both*) il padre che (*and*) la madre _____________________ che il figlio si realizzi e che _______________ una vita felice e piena di successi. Tuttavia (*however*), _______________ idee molto diverse quando parlano delle _________________ future e quando Luigi chiede loro _________________.

1.   Madre / VOLERE / Luigi / andare in Francia per un anno prima di iniziare l'università
Padre / PREFERIRE / lui / iscriversi all'università immediatamente
<u>La madre vuole che Luigi vada in Francia per un anno prima di iniziare l'università.</u>
<u>Il padre preferisce che lui si iscriva all'università immediatamente.</u>

2.   Madre / INSISTERE / Luigi / fare un tirocinio (*internship*) in una biblioteca a Perugia
Padre / VOLERE / lui / andare all'università *La Sapienza*, a Roma

____

____

3.   Madre / SPERARE / Luigi / diventare (*to become*) bibliotecario
Padre / SPERARE / lui / fare l'ingegnere

____

[2] Il/la commesso/a = *salesperson*

____

____

4.   Madre / DESIDERARE / Luigi / essere contento e soddisfatto
      Padre / ESSERE CONVINTO / per lui / essere meglio (*better*) avere un grosso conto in banca

____

____

5.   Madre / NON VOLERE / Luigi / continuare a vivere a casa
      Padre / NON VOLERE / lui / andare a vivere in una residenza studentesca mentre frequenta
      l'università

____

____

G. Conosci l'Italia? *Are you sure you can answer the questions correctly? If you are sure you are right, use the indicative mood. If you have doubts, use the subjunctive mood.*

    Esempio: Qual è la città più grande d'Italia? [Milano / Roma / Torino]
                  <u>La città più grande d'Italia **è** Roma.</u>
                  <u>**Penso che** la città più grande d'Italia **sia** Roma.</u>

1.   Qual è il fiume (*river*) più lungo d'Italia? [Il Po / L'Arno / Il Tevere]

____

2.   Come si chiama l'aeroporto di Venezia? [Cristoforo Colombo / Marco Polo / Leonardo da Vinci]

____

3.   Qual è il capoluogo del Veneto? [Trento / Venezia / Trieste]

____

4.   Qual è la città portuale più grande della Liguria? [Genova / Imperia / Savona]

____

5.   Qual è il capoluogo della Sardegna? [Cagliari / Sassari / Olbia]

____

6.   Quale catena montuosa attraversa l'Italia da Nord a Sud? [Le Alpi / Le Dolomiti / Gli Appennini]

____

7.   Come si chiama l'aeroporto di Roma? [Tevere / Fiumicino / Scalo]

____

8.   Quale fiume passa per Firenze? [l'Arno / l'Adige / il Po]

____

9.   Qual è il museo più famoso d'Italia, dopo il Museo Vaticano? [La galleria degli Uffizi, il Louvre]

____

10. Qual è la regione più piccola d'Italia? [la Valle d'Aosta, il Molise, la Basilicata]

____

11. Quale regione italiana ha come seconda lingua ufficiale il tedesco? [il Trentino Alto Adige, il Friuli-Venezia Giulia, il Veneto]

____

12. Qual è il lago più grande d'Italia? [Il lago di Garda / Il lago di Bolsena / Il lago di Como]

____

H.   Conosci l'Italia (seconda parte)? *You will now hear the correct answers to all the questions in exercise G. You will hear each sentence twice. After the first time, check your work. After the second time, practice your pronunciation by repeating each sentence after the speaker.*

I.   Un film che ho visto e che mi è piaciuto. *As you listen to the speaker, read along and complete the information regarding the film* The Hours. *Then CHOOSE A MOVIE THAT YOU REALLY LIKED and write the same type of information about it. Create a film card of your own on a separate piece of paper. Make sure you cover all fifteen (15) items.*

1. ______________: *The Hours (Le ore)*

2. ______________: statunitense

3. ______________[3]:   Film per tutti

4. ______________: 2000

5. ______________: Stephen Daldry

6. ______________: David Hare.
Non originale. Basata su un romanzo di Michael Cunningham: *The Hours* (1998).

7. __________: Nicole Kidman, Julianne Moore, Meryl Streep, Ed Harris, Claire Danes, Toni Collette, John C. Reilly

8. ______________ ______________: Virginia Woolf (N. Kidman),
Clarissa (M. Streep),
Laura (J. Moore),
Richard (Ed Harris)

9. ______________: drammatico

10. ______________: 1h 54' (un'ora e cinquantaquattro minuti)

____

[3] **Film per tutti** (*G*), **Vietato ai minori di 14 anni** (*PG*), **Vietato ai minori di 18 anni** (*X*).

11. ________________ **trattati:**   L'universo femminile, la liberazione sessuale, il tempo, la
letteratura, il processo creativo, l'impatto delle malattie gravi
sulla vita delle persone.

12. ______________: È stato candidato a <u>nove</u> premi Oscar (2001):
1. Miglior film
2. Miglior regia
3. Migliore sceneggiatura non originale
4. Migliori costumi (Ann Roth)
5. Miglior montaggio (Peter Boyle)
6. Miglior colonna sonora (Philip Glass)
7. Miglior attrice protagonista (Nicole Kidman)
8. Miglior attore non protagonista (Ed Harris e John C. Reilly)
9. Miglior attrice non protagonista (Julianne Moore)

Ha ricevuto <u>un</u> Oscar per la miglior attrice protagonista (Nicole Kidman)

13. ______________: La trama (*plot*) è complicata, e tratta della vita di tre donne in tre tempi
diversi:

Anni venti. La scrittrice inglese <u>Virginia Woolf</u>, isolata nella sua villa in
campagna, inizia a scrivere *Mrs. Dalloway*, un romanzo (*novel*) che presenta
la vita di una donna in un unico giorno. Nonostante l'assistenza del
marito, Virginia, sempre più (*more and more*) depressa, medita il suicidio.

Anni cinquanta. <u>Laura Brown</u>, madre del piccolo Ritchie e prototipo
della casalinga (*housewife*) statunitense insoddisfatta, legge *Mrs. Dalloway*.
Per sfuggire (*escape*) al suo destino la donna sembrerebbe pronta a tutto,
anche al suicidio, ma sembra che non trovi il coraggio.

Oggi. A New York, <u>Clarissa Vaughan</u> rappresenta una versione
contemporanea di Mrs. Dalloway, la protagonista del romanzo di
Virginia Woolf. Clarissa (Dalloway) è infatti l'epiteto con cui <u>Richard</u>—il
suo primo e mai dimenticato (*never forgotten*) amore—continua a
chiamarla. Il poeta-scrittore è ammalato di AIDS ed è assistito
amorevolmente da Clarissa. Per celebrare la vincita di un prestigioso
premio letterario di Richard, Clarissa sta preparando una festa a casa sua.

14. ________________ ________________: ☐ Non l'ho visto
☐ L'ho visto e mi è piaciuto
☐ L'ho visto e non mi è piaciuto

15. ________________: ____

____

____

____

____

____

J. Qual è la risposta corretta?

1. Non penso che ai bambini molto piccoli... i documentari.
    a. piace   b. le piacciono   c. piacciano   d. veda

2. A mia sorella piace molto andare al cinema e credo che... i film storici.
    a. preferisce   b. preferirà   c. preferirebbe   d. preferisca

3. È evidente che *Sacco e Vanzetti...* un film storico.
    a. sia   b. era   c. fu   d. è

4. —Mamma, papà, cosa... da giovani per rilassarvi?
    —Ci... giocare a scacchi.
    a. fate / piacciono   b. fai / piacciono   c. facevi / piaceva   d. facevate / piaceva

5. Mia madre non vuole che io... tutto il mio tempo libero giocando a scacchi (*chess*). Dice che...
    muovermi di più.
    a. passo / devo   b. posso / debba   c. passi / devo   d. possa / devo

6. Roberto è deluso perché Giovanna non... a ballare sabato sera.
    a. voglia andare   b. vuole andare   c. preferisce andare   d. andrebbe

7. È importante che gli studenti... i compiti ai professori di persona —in aula.
    a. danno   b. consegnano   c. consegnino   d. darannno

8. Il dottore ha detto che è consigliabile che tu... a letto per due giorni.
    a. rimani   b. starai   c. rimanga   d. resta

9. —Antonella, scusa,... hai già restituito il libro sul razzismo che ... avevo prestato?
    —Sì, sì, te... portato il giorno prima del tuo compleanno, ti ricordi?
    a. ti / ti / l'ha   b. ti / mi / l'abbiamo   c. mi / mi / l'ho   d. mi / ti / l'ho

10. Laura, non uscire con i capelli bagnati, fa molto freddo fuori! Prendi l'asciugacapelli e... .
    a. te li asciuga   b. li asciugate   c. asciugateli   d. asciugalo

11. Tommasino, sta nevicando. ...i guanti quando esci, per piacere!
    a. Metta   b. Non metterti   c. Mettiti   d. Mettete

12. —Mi voglio fare un tatuaggio: un piccolo fiore sulla caviglia (*ankle*) sinistra.
    —Un tatuaggio? Ti dico una cosa: ... . Prima perché fa male e poi perché corri il rischio di
    un'infezione.
    a. non te lo fai   b. non te lo fare   c. non te lo farà   d. non se lo faccia

13. —Hai già detto a tuo padre che abbiamo avuto un incidente con la macchina?
    —No, non... detto, e sono sicuro che si arrabbierà (*will get angry*) tantissimo.
    a. gliel'ho   b. gli ho   c. le ho   d. gliela ho

14. —Cameriere, mi porta il menù, per favore?
    —Sì,... porto subito.
    a. gliela   b. ve lo   c. glielo   d. Le

15. Quando eravamo piccoli e venivamo a tavola con le mani sporche, la mamma ci diceva: "Chi non ha
    le mani pulite, non mangia. Forza (*come on*),... !"
    a. lavatela   b. lavateli   c. lavateveli   d. lavatevele

16.   Quando ero adolescente a mia madre non piaceva quando mi truccavo. Mi diceva sempre: "...! Sei più bella se non ti trucchi".
    a. Non si trucchi   b. Non ti truccare   c. Truccati   d. Si trucchi

17.   —Mi hai portato gli ingredienti che mi servono per il tiramisù?
    —No, scusa, mi sono dimenticato. Vado subito a... .
    a. te lo comprare   b. compratelo   c. comprarteli   d. comprareteli

18.   Tommasino è arrabbiato (*mad*) perché sua sorella non gli vuole dare l'orsacchiotto (*teddy bear*). Così (*so*) le dice, piagendo: "...l'orsacchiotto! Dammelo! Dammelooooo!"
    a. Mi daresti   b. Dammi   c. Darmi   d. Da'

19.   —Lucia, conosci mio cugino Rosario, quello che abita a Palermo?
    —No. Perché non... presenti?
    a. me lo   b. te lo   c. glielo   d. ce lo

20.   (Antonella e Marco sono al centro commerciale [*shopping mall*]):
    Marco: Guarda che bella maglietta!
    Antonella: Sì, è molto bella. Spero che piacerà anche a mia sorella; voglio... per il suo compleanno, che è la settimana prossima.
    a. regalargli   b. regalarlelo   c. regalargliela   d. regalarlo